"十二五"职业教育国家规划教材
经全国职业教育教材审定委员会审定

四川省"十四五"职业教育
省级规划教材立项建设教材

MINHANG
FUWU
JIBEN JINENG

■ 职业教育航空运输类专业"产教融合"新形态教材 ■

民航服务基本技能

第2版

U0659757

总主编：魏全斌

主　编：凌　红

副主编：张雪梅　余　磊　彭志芳
　　　　向　庆

参　编：孙德华　杨　敏　王艳红
　　　　徐平乐　张泽谊

云学习　　　　云测试

北京师范大学出版集团
BEIJING NORMAL UNIVERSITY PUBLISHING GROUP
北京师范大学出版社

图书在版编目（CIP）数据

民航服务基本技能 / 凌红主编 . —2 版 . —北京：北京师范大学
出版社，2024.9（2025.8 重印）
　职业教育航空运输类专业"产教融合"新形态教材 / 魏全斌主编
　ISBN 978-7-303-29695-8

　Ⅰ . ①民…　Ⅱ . ①凌…　Ⅲ . ①民航运输 – 商业服务 – 职业教
育 – 教材　Ⅳ . ① F560.9

中国国家版本馆 CIP 数据核字（2024）第 010194 号

MINHANG FUWU JIBEN JINENG
出版发行：北京师范大学出版社 https://www.bnupg.com
　　　　　北京市西城区新街口外大街 12–3 号
　　　　　邮政编码：100088
印　　刷：北京天泽润科贸有限公司
经　　销：全国新华书店
开　　本：889 mm × 1194 mm　1/16
印　　张：12.25
字　　数：220千字
版　　次：2024年9月第2版
印　　次：2025年8月第2次印刷
定　　价：43.00元

策划编辑：王云英　　　　　　　　责任编辑：王云英
美术编辑：焦　丽　　　　　　　　装帧设计：焦　丽
责任校对：张亚丽　　　　　　　　责任印制：赵　龙

职业教育航空运输类专业"产教融合"新形态教材专家指导委员会

本次修订是在第一版的基础上，以习近平新时代中国特色社会主义思想和党的二十大精神为指导，落实立德树人根本任务，遵循教材建设规律、职业教育教学规律，符合职业院校学生的认知特点。本教材共分为八个项目，分别是走进民航服务、了解民航员工应具备的基本素质、学习服务用语、学习民航服务礼仪、值机服务、安检服务、机场VIP服务、客舱服务。新版教材有以下特点。

第一，校企合作，双元开发。本教材由四川西南航空职业学院组织编写，由泛美航空职教集团和商用飞机行业产教融合共同体合作完成，汇聚了中国民航大学、四川西南航空职业学院、成都航空职业技术学院、成都职业技术学院的一线教师与中国商用飞机有限责任公司四川分公司、成都航空有限公司等企业专家，团队成员的丰富教学经验、学术造诣以及行业经验确保了教材的科学性、实用性与适用性。

第二，思政融入，价值导向。本教材全面落实课程思政的要求，通过学习民航发展历程和航空专业知识，培养学生崇尚宪法、遵纪守法、崇德向善、诚实守信、尊重生命、热爱劳动的品质，培养学生的社会责任感和社会参与意识；践行"忠诚担当的政治品格，严谨科学的专业精神，团结协作的工作作风，敬业奉献的职业操守"的当代民航精神；具有安全意识和良好的服务意识；引导学生树立正确的世界观、人生观和价值观。

第三，内容科学，体例创新。新版教材依据职业教育国家教学标准体系，对接最新的职业标准和岗位能力要求，体现产业发展的新技术、新工艺、新规范、新标准，深入挖掘民航服务企业的实际工作需求和岗位要求，确保教材内容与当前民航服务岗位需要的无缝衔接。本教材以项目任务为载体，体现了职业教育的类型特点；提供了大量的案例和实际情境，让学生能将所学理论更好地迁移到实际工作需求中。结合学生特点，编写力求文字简洁、通俗易懂。本教材体现"贴近社会生活、贴近民航服务工作实际、贴近学生特点""与职业岗位群对接、与职业资格标准对接、与实际工作过程对接"的"三贴近""三对接"原则，注重学生职业核心能力的培养。

第四，资源丰富，新形态教材。在修订过程中，联合行业、企业专家，收集真实工作案例，配套丰富的教学资源，体现"岗课赛证"融通的理念。本教材的设计和呈现充分体现职业教育新形态教材的理念，结合融媒体和数字化技术，适应学习者的需求。

第二版教材由凌红担任主编，负责整体思路的筹划，拟定具体的编写方案。成都航空有限公司周海燕负责将民航服务的最新标准、服务流程和岗位要求融入教材。张雪梅、余磊、彭志芳、向庆担任本教材的副主编，孙德华、杨敏、王艳红、徐平乐、张泽谊参与编写。武梦迪、黄志勇、刘学冬也对本教材的出版作出了贡献。教材的编写吸纳了中国民航大学邹铁夫博士，以及新加坡新翔集团、北京首都国际机场、上海虹桥国际机场、广州白云国际机场、深圳宝安国际机场、成都航空有限公司等企业的专家提供的优秀建议，有效地保证了本教材的科学性、专业性、实用性、适用性，在此表示衷心的感谢。

本教材不仅适用于航空运输类相关专业教学，也可以作为航空公司的培训教材。受编者水平所限，教材难免存在一定不当之处，恳请广大读者提出宝贵意见，以便我们作进一步的修订完善。

《国家中长期教育改革和发展规划纲要（2010—2020年）》明确提出：中等职业教育与高等职业教育协调发展，构建现代职业教育体系。职业教育为社会、经济和人的发展服务成为职业教育理论工作者与实践工作者的共识。

近年来，随着社会、经济的进步，民航业得到空前的发展。民航业的大发展需要大量道德高尚、素质优良、技能娴熟的一专多能的民航服务人才。正因为如此，一批办学理念先进、教学与实习实训设备精良、师资力量雄厚的民航服务类学校或专业应运而生，为促进民航服务业的发展作出了重要贡献。

要培养高素质的民航服务人才，离不开高质量的学校，离不开高水平的教师，更离不开理念先进、内容丰富、形式新颖的精品教材。为此，我们组织全国行业职业教育教学指导委员会、全国中等职业教育教学改革创新指导委员会、职业教育教学研究机构的专家，全国近20家民航服务企业的行家以及具有丰富的民航服务专业教学与教材编写经验的优秀教师群策群力编写了本套"职业学校航空服务专业系列教材"。

本套教材立足国内近20家民航服务企业相关工作岗位对人才素质与能力的要求，针对民航服务专业学生职业生涯发展的需求编写。在体系结构上，本套教材涵盖民航服务专业的所有课程，各册教材有机衔接，体系完整。在内容上，本套教材涵盖民航服务的典型工作任务，体现了"贴近社会生活、贴近民航服务工作实际、贴近学生特点""与职业岗位群对接、与职业资格标准对接、与实际工作过程对接"的"三贴近""三对接"的特点，注重学生职业核心能力的培养。在形式上，本套教材按照"具体—抽象—实践"的逻辑顺序，设计了"相关链接""想一想""练一练""思考与练习"等栏目，行文中图文并茂，突出了教材的可读性与互动性，既方便教师的教，也方便学生的学。本套教材既可供职业院校航空服务专业学生使用，也可作为民航企业员工培训教材或参考资料。

本教材由职业教育专家魏全斌担任主编，由陈方贵、陈敏、单招霞担任副主编。参加本教材编写的人员有：中国民航飞行学院陈新，四川西南航空专修学院刘桦、张菲菲、杨洪光、王建宽，成都航空旅游职业学校程冲、余磊等。

在编写本书过程中，得到了上海机场贵宾服务公司总经理王培立、深圳宝安国际机场安检站站长赵萍、成都双流国际机场安检站副站长夏静、深圳航空公司维修工程部总经理助理王继营、四川新力航空技术有限公司（机务）总经理李元、一汽大众人力资源部部长卢荃等航空企业人员的专业的指导；吸纳了四川西南航空专修学院、成都航空旅游职业学校、成都礼仪职业中学、成都财贸职业中专学校、成都现代职业技术学校等职业院校骨干教师的宝贵建议；尤其是，由全国各大航空公司、机场服务企业知名的专家和领导组成的"全国职业院校航空服务专业教材建设企业专家指导委员会"对教材的内容、编写体例等提供了大量的建议，有效地保证了本教材与民航服务企业的实际工作要求相吻合，在此一并表示衷心的感谢。在编写本教材的过程中，我们参阅了相关论著和资料，引用了一些最新的研究成果，但由于联系方式不准确等原因，未能一一征得原成果作者的同意，敬请原成果作者谅解并与我们联系，我们将奉寄稿酬和样书，并在重印或再版时根据原成果作者的要求进行相应的调整。

教材中难免有不尽如人意之处，恳请广大读者提出宝贵的意见，以便我们修订时加以完善。

目录
CONTENTS

127

项目六
安检服务

项目一

走进民航服务

✈ 核心目标

>>> 职业能力

1. 了解中国民用航空的发展历程和现状。

2. 理解服务与民航服务的含义和区别。

3. 掌握民航服务的类型。

4. 掌握我国三大航空公司的基本信息。

5. 熟悉我国六大地方航空公司的基本信息。

6. 了解世界六大航空公司的基本信息。

7. 掌握世界三大航空公司联盟的名称及基本信息。

>>> 职业素养

1. 树立基本的民航服务意识以及为建设民航强国而努力奋斗的信念。

2. 初步具备民航人应有的职业素养和职业道德。

3. 深刻认识民航在国家发展中的战略地位和作用，增强建设民航强国的责任感和使命感。

4. 养成求真务实、开拓创新的职业精神，培养国际视野。

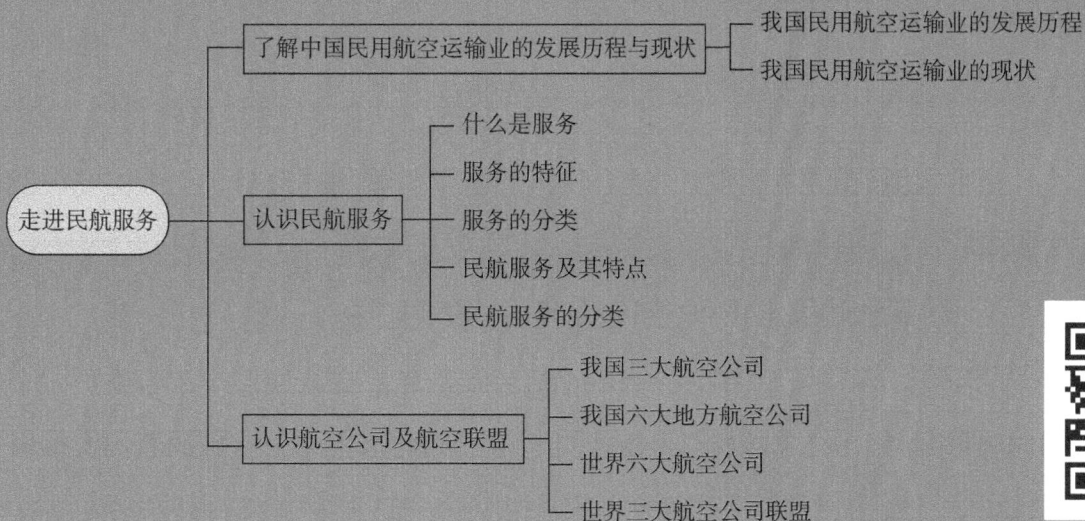

任务一
了解中国民用航空运输业的发展历程与现状

任务描述▼

航空运输是一种重要的、不可替代的交通运输方式。与公路、铁路、水路等传统运输方式相比，航空运输起步晚，发展时间短，自1903年第一架飞机诞生至今，也不过一个多世纪的时间。

航空运输业在一百多年间经历了一个怎样的发展历程？我国民用航空运输业的服务是什么样的呢？

知识准备▼

1949年11月2日，中国民用航空局成立，揭开了我国民航事业发展的新篇章。从这一天开始，新中国民航迎着共和国的朝阳起飞，从无到有，由小到大，由弱到强，经历了不平凡的发展历程。民航事业的发展与国家的经济发展，与党中央、国务院直接领导和支持密不可分，是几代民航干部职工奋发图强、团结奋斗的结果。他们为祖国民航事业发展书写了壮丽的篇章。

一、我国民用航空运输业的发展历程

新中国民航的发展历程，结合我国民航管理体制的改革，至今主要有四个阶段。

（一）第一阶段（1949—1978年）：筹建时期

1949年11月2日，中共中央政治局会议决定，在人民革命军事委员会下设民用航空局，受空军领导。11月9日，"两航起义"为新中国民航建设提供

了一定的物质和技术基础。1950 年，新中国民航初创时，仅有 30 多架小型飞机，年旅客运输量仅 1 万人次，运输总周转量仅 157 万吨千米。1958 年 2 月，民用航空局划归交通部（现为交通运输部）领导，并于 1960 年 11 月改名为"交通部民用航空总局"。1962 年 4 月 15 日，中央决定将民用航空总局由交通部属改为国务院直属局，其业务工作、党政工作、干部人事工作等均直归空军负责管理。这一时期，民航由于领导体制几经改变，航空运输发展受政治、经济影响较大。1978 年，航空旅客运输量仅为 231 万人次，运输总周转量 3 亿吨千米。图 1-1 所示为中国民用航空局旧址。

图 1-1 中国民用航空局旧址

拓展阅读 ▶▶▶ **"两航起义"**

"两航起义"是中国共产党领导下的一次成功的爱国主义革命斗争。"两航"系原中国航空公司与中央航空公司的简称。

经过抗日战争后期的"驼峰空运"和抗战结束之后的"复员运输"，到 1948 年，两航的运输业务已有很大发展。这一年年底，两航共拥有 C-46、C-47、DC-3、DC-4 和 CV-240 型飞机近百架，成为国民党政权的重要空中交通运输工具。因此，当时两航的动向对国民党军事运输乃至整个国共双方的战场形势起着至关重要的作用。

1948—1949 年，两航总公司先后迁到香港。此时，两航的航线急剧萎缩，运输业务比 1948 年下降了 60%。两航总公司迁到香港后，同英资航空运输企业的利益矛盾更加尖锐化。1949 年 6 月，中共中央军委副主席周恩来根据国内时局的变化和两航的向背作用，作出策动两航起义的决策。1949 年 11 月 9 日，12 架飞机陆续从香港启德机场起飞。原中国航空公司 10 架、中央航空公司 2 架飞机于当日到达北京和天津。同日，原中国航空公司、中央航空公司共计 2000 多名员工通电起义。"两航起义"中原"空中行宫"飞机后被命名为"北京"号（图 1-2 和图 1-3）。

图 1-2　1950 年 8 月 1 日"北京"号机组合影　　图 1-3　"北京"号飞机

　　"两航起义"是在中国共产党直接领导下的爱国壮举，是震惊中外的一件大事。"两航起义"对国民党在政治上、军事上是一个重大打击，切断了国民党政权的西南空中运输线，为人民解放军解放大西南创造了条件，加快了解放全国的进程。"两航起义"北飞的 12 架飞机和后来由两航机务人员修复的国民党遗留在大陆的 16 架（C-46 型 14 架、C-47 型 2 架）飞机，构成了新中国民航初期的机群主体。内运的器材设备，成为新中国民航初期维修飞机所需的主要航空器材来源。随之组建的太原飞机修理厂、天津电讯修理厂，成为发展我国航空工业和电讯研制工业的技术物质基础。

　　"两航起义"归来的大批技术业务人员，成为新中国民航事业建设中主要的技术业务骨干。"两航起义"是一次爱国行动，毛泽东称之为"一个有重大意义的爱国举动"，周恩来称它是"具有无限前途的中国人民民航事业的起点"。"两航起义"是中国民航史上的一个转折点，我党领导"两航起义"的伟大壮举，是广大两航员工在波澜壮阔的革命大潮中，遵循党所指引的方向，发扬爱国主义精神，投向祖国怀抱的正义行动，它将永载中国人民解放事业的史册。

（二）第二阶段（1979—1986 年）：逐步发展时期

　　20 世纪 70 年代末，我国实施对外开放政策，经济、外贸、旅游得到进一步发展，加速了航空运输的增长。1978 年 10 月，邓小平指示民航要用经济观点管理。1980 年 2 月 14 日，邓小平指出："民航一定要企业化。"同年 3 月，政府决定民航脱离军队建制，把中国民航局从隶属于空军改为国务院直属机构，实行企业化管理。这期间中国民航局是政企合一，既是主管民航事务的政府部门，又是以"中国民航（CAAC）"名义直接经营航空运输、通用航空业务的全国性企业，下设北京、上海、广州、成都、兰州（后迁至西安）、沈阳 6 个地区管理局。1980 年，全国民航只有 140 架运输飞机，且多数是 20 世纪 50 年代左右制造的苏式伊尔-14、里-z 型飞机，载客量仅 20～40 人。载客量 100 人以上的中、大型飞机只有 17 架，机场只有 79 个。1980 年，我国民航全年旅客运输量仅 343 万人次，全年运输总周转量 4.29 亿吨千米，居新加坡、印度、菲律宾等国之后，列世界民航第 35 位。

拓展阅读 ▶▶ **CAAC**

中国民用航空局（Civil Aviation Administration of China，CAAC）简称民航局，是中华人民共和国国务院主管民用航空事业的部委管理的国家局，归交通运输部管理。

（三）第三阶段（1987—2001 年）：重组扩张时期

1987 年，我国政府决定对民航业进行以航空公司与机场分设为特征的体制改革。改革主要内容是将原民航 6 个地区管理局的航空运输和通用航空相关业务、资产和人员分离出来，组建了 6 家骨干航空公司：中国国际航空公司、中国东方航空公司、中国南方航空公司、中国西南航空公司、中国西北航空公司、中国北方航空公司。此外，以经营通用航空业务为主、兼营航空运输业务的中国通用航空公司于 1989 年 7 月成立。同时，在 6 个管理局所在地的机场的基础上，组建了民航华北、华东、中南、西南、西北和东北 6 个地区管理局以及北京首都国际机场、上海虹桥国际机场、广州白云国际机场、成都双流国际机场、西安西关机场（现已迁至咸阳，改为西安咸阳国际机场）和沈阳桃仙国际机场，并于 1985 年成立民航乌鲁木齐管理局。7 个地区管理局既是管理地区民航事务的政府部门，又是企业，领导和管理各民航省（区、市）局和机场。航空运输服务保障系统也按专业化分工的要求相应进行了改革。这一时期，组建了专门从事航空油料供应保障业务的中国航空油料总公司，从事全国计算机订票销售系统管理与开发的计算机信息中心，为各航空公司提供航空运输国际结算服务的航空结算中心，以及飞机维修公司、航空食品公司等。

（四）第四阶段（2002 年至今）：迅猛壮大时期

2002 年 3 月，我国政府决定对民航业再次进行重组，主要内容如下。

第一，航空公司与服务保障企业联合重组。民航总局直属的航空公司及服务保障企业合并后，于 2002 年 10 月 11 日正式挂牌成立，组成六大集团公司，分别是中国航空集团公司、中国东方航空集团公司、中国南方航空集团公司、中国民航信息集团公司、中国航空油料集团公司、中国航空器材进出口集团公司。成立后的集团公司与民航总局脱钩，交由中央管理，标志着民航体制改革迈出重大步伐。

第二，民航政府监管机构改革。民航总局下属 7 个地区管理局（华北地区管理局、东北地区管理局、华东地区管理局、中南地区管理局、西南地区管理局、西北地区管理局、新疆管理局）和 26 个安全监督管理办公室（天津、河北、山西、内蒙古、大连、吉林、黑龙江、江苏、浙江、安徽、福建、江西、山东、厦门、河南、湖北、湖南、海南、广西、深圳、重庆、贵州、云南、甘肃、青海、宁夏），对民航事务实施监管。

第三，机场实行属地管理。按照政企分开、属地管理的原则，我国对 90 个机场进行了属地化管理改革。民航总局直接管理的机场下放所在省（区、市）管理，相关资产、负债和人员一并划转；民航总局与地方政府联合管理的民用机场和军民合用机场，属民航总局管理的资产、负债及相关人员一并划转所在省（区、市）管理。首都机场、西藏自治区内的民用机场继续由民航总局管理。2004 年 7 月 8 日，随着甘肃省内的民用机场移交地方，机场属地化管理改革全面完成，也标志着民航体制改革全面完成。

二、我国民用航空运输业的现状

新中国民航的发展历程证明：发展是硬道理。不断深化改革，扩大开放，是加快民航发展的必由之路。

2024 年 5 月，中国民航局发布的《2023 年民航行业发展统计公报》显示：2023 年，全行业完成运输总周转量 1188.34 亿吨千米，比上年增长 98.3%；完成旅客运输量 61957.64 万人次，比上年增长 146.1%。

截至 2023 年年底，我国共有运输航空公司 66 家，与上年持平；在册民航运输飞机 4270 架，比上年底增加 105 架；境内运输机场（不含香港、澳门和台湾地区）259 个，比上年底净增 5 个。2023 年新增机场有湖南湘西边城机场、河南安阳红旗渠机场、四川阆中古城机场、山西朔州滋润机场、西藏阿里普兰机场。

2023 年，行业稳中求进，安全形势总体平稳，运输生产有序恢复，运行品质稳步提升，科教创新蓄势储能，国际开放合作深入拓展，高质量发展迈出坚实步伐，各项生产运行数据较上年呈快速增长态势。

课堂研讨
民航的发展对一个国家的经济有什么意义？

任务工单▼

民航服务基本技能任务工单				
项目	走进民航服务			
任务	了解中国民用航空运输业的发展历程与现状			
负责导师			截止日期	
任务描述	本工单依据民航院校学生需要掌握的中国民用航空运输业发展的基本知识制定，主要面向民航服务岗位，进一步增强学生对中国民用航空运输业发展状况的了解。			
任务目标	目标	掌握中国民用航空运输业的发展历程与现状。		
	关键成果	1. 掌握我国民用航空运输业四个发展阶段的名称和起始时间。		
		2. 掌握我国民用航空运输业四个发展阶段的主要特征。		
		3. 了解我国民用航空运输业的发展现状。		
任务重点	1. 掌握我国民用航空运输业发展历程的四个阶段。 2. 掌握我国民用航空运输业发展历程每个阶段的主要特征。			
主要内容	①能够说出我国民用航空运输业四个发展阶段的名称和起始时间。	②能够说出我国民用航空运输业发展历程每个阶段的主要特征。	③了解我国民用航空运输业的发展现状。	④收集并整理近三年我国民用航空运输业发展的相关资料。

任务难度		□简单	□一般	□偏难	□困难
完成确认	序号	检查事项			组长签字
	1	任务要求是否明确？			
	2	能否完整说出我国民用航空运输业四个发展阶段的名称和起始时间？			
	3	是否知晓我国民用航空运输业发展历程每个阶段的主要特征？			
	4	是否知晓我国民用航空运输业的发展现状？			
	5	是否达到学习要求？			

续表

> 注意事项：
> 1.请严格按照工单内容要求进行项目实践，不得随意更改流程。
> 2.在完成任务后，请进行自检，完成请打√。
>
> 教师签字：

拓展训练▼

1. 1949年11月9日，"_____"为新中国民航建设提供了一定的物质和技术基础，是中国民航史上意义深远的重大事件。

2. 中国民航局成立于 _____ 年。

3. 截至2023年年底，我国共有运输航空公司 _____ 家，境内运输机场（不含香港、澳门和台湾地区）_____ 个。

自我评价▼

任务二
认识民航服务

任务描述▼

由上海飞往悉尼的航班上，乘务员正在进行客舱巡视。忽然，一位外籍女士叫住了她，并递给她一张写满英文的意见卡："你们的服务让人倍感温馨，你们的微笑无与伦比，一次美好的旅程，感谢你们！另外，啤酒要是冰的会更好！"看到最后这句话，该乘务员立刻与这名女士进行沟通，得知这名女士名叫欧文，来自澳大利亚，非常喜欢中国文化，在飞机上也被中国乘务员的热情所感动。刚才在供应饮料时点了一瓶啤酒，觉得要是冰的就完美了。

如果你是这名乘务员，收到这样的意见卡后，你将如何做呢？

知识准备▼

民航运输产品包括三个层次：核心产品，旅客或托运人支付运输费用后，承运人将旅客本身或托运货物按照约定将其位置进行改变的服务，即位移服务；形式产品，旅客或货物的位移服务的体现方式是用航空器完成的，即民航运输；附加产品，指旅客在除位移服务外获得的所有附加价值的总和，如值机服务、安检服务、空乘服务等。

总体来说，民航运输产品即服务。

一、什么是服务

服务是指为他人做事，并使他人从中受益的一种有偿或无偿的活动。它不以实物形式而以提供活劳动的形式满足他人的某种需要，是由一系列或多或少具有无形特征的活动所构成的过程，是在他人同服务的提供者、有形资源的互动过程中进行的，这些有形资源是作为他人问题的解决方案而提供的。

图 1-4 所示为民航客舱服务。

图 1-4 客舱服务

二、服务的特征

服务不可储存。服务具有即时性和易逝性。

服务没有折旧。服务作为一种产品，不会像其他实物产品一样随着时间的推移和使用次数的增加，而失去原来的性能。服务的生产与消费是同步的，只在服务过程中体现出来，离开这个过程服务就消失了。所以，从这种意义上说，服务是一次性的，一次性服务产品的质量如何，只体现于客户当时的感知，而不是服务后的补偿。服务需要客户导向。好的服务必然是以客户的满意为标准的，即要充分考虑客户的消费需求和消费行为。

服务具有依赖性。服务是服务主体与服务客体互动的过程（图 1-5）。因此，服务质量的最终形成不仅是服务（主体）即服务人员单方面的事情，还依赖于服务客体即客户的参与程度。第一，这种依赖性体现在客户的差异性上，即每一个客户要求的服务并不都是相同的，不同客户在服务的需求上存在着差异。因此，服务要根据不同的情况区别对待。第二，这种依赖性体现在即使是同一个客户，其在不同的时间对服务的要求也会有所差异。比如：客户心情非常舒畅、春风得意时，对服务就不会太挑剔，提出的一些要求也很容易满足；相反，客户遭遇不愉快的事情或受到重大打击时，对服务的要求就会更高，服务人员稍有不慎，就有可能引起客户不满。服务的依赖性客观上增加了一线员工保持服务稳定性的难度。因此，在量化服务标准的同时，

图 1-5 服务主体与服务客体的互动

要加强员工培训，提高员工服务、沟通和察言观色的能力。另外，还要关注员工，提高员工满意度，因为"没有满意的员工，就不会有满意的客人"。

三、服务的分类

（一）人体处理型

它是作用于人的基于实体的服务，如航空旅客服务、理发、外科手术。在提供这类服务的整个过程中，客户需要在场，客户满意程度受到服务设施的外观、与服务人员的接触、其他客户的行为的影响，服务设施的地点和服务时间是否便于客户接受也显得极为重要。

（二）物体处理型

它是作用于物的基于实体的服务，如航空货运服务、草坪修理。被处理的物体对象必须在场，而客户本人则不必在场。

（三）脑刺激处理型

它是作用于人的头脑的信息服务，如广播、教育、心理治疗、娱乐。这种服务要求客户的意识必须在场。

（四）信息处理型

它是作用于无形资产的信息服务，如金融、保险、咨询等。

四、民航服务及其特点

（一）什么是民航服务

民航服务是指以满足旅客需求为导向，依据国内民航法规和国际民航惯例，向搭乘航班的旅客提供的热情、周到、细致的服务的过程，包括进出机场和乘机过程中的各种服务。从旅客的角度看，民航服务是指旅客在乘飞机旅行消费过程中的印象、感受和体验；从航空公司的角度看，民航服务是指民航员工在各自岗位上为旅客提供服务、展示企业服务理念和能力的过程。民航服务的本质就是通过挖掘和理解旅客的需求，把握和尊重旅客的期待，通过服务过程的开展来满足甚至超越旅客的期待，让旅客感受到乘机的快乐和愉悦。

> **课堂研讨**
> 民航服务与一般的服务有什么不同？

民航服务是民航行业给旅客提供的过程产品，而这个产品具有生产和消费同时发生的特征，且不可储存。所以在民航服务管理上，要注重服务的过程管理。

（二）民航服务的特点

1. 高标准的服务

中国民航一直对标国际，对服务的理念、形象、语言、行为、素质、设施、设备和环境等均设立了较高的规范和标准，民航服务是中国各行业服务的标杆和典范。

2. 高安全的服务

"安全第一，第一是安全。"没有安全就没有民航服务。安全是民航服务的前提和基石，安全贯穿于民航服务的全过程。民航主管部门要求民航服务执行严苛的安全管理政策，民航服务是各种交通运输服务中最安全的。

3. 高技能的服务

民航运输属于资金、知识、技术和人才等密集型行业，从运输的组织、飞行、维修、保障到服务的各个环节，从业人员都需要经过严格培训和技能考核，他们都要具有很强的职业能力。民航主管部门也对从业人员设定了严格的准入制度。

4. 高素质的服务

民航服务的高标准，需要从业人员具备高素质。自从民航行业创建以来，民航员工特别是空中乘务人员的高素质，已为广大旅客留下了十分良好的行业印象。在现代民航服务中，旅客对民航员工的素质提出了更高的要求，民航员工需要在自身知识、语言、礼仪、行为等方面提高素质和修为。

五、民航服务的分类

（一）机场服务

包括值机、行李交运、安检、候机、登机、接机、行李提取、行李查询和航班中转等旅客运输服务，头等舱、公务舱、贵宾等服务，老弱病残孕、母婴、无成人陪伴儿童、担架旅客、轮椅旅客等特殊旅客的运输服务，机场提供的航站楼餐饮、零售、娱乐、停车、交通、网络、通信、洗手间等服务。

（二）客舱服务

包括引导旅客登离机、提供餐饮、座位调整、客舱广播、灯光、报刊、安全提示、娱乐设施、洗手间、空中急救等服务。

（三）客票服务

包括机票查询、订票、改签、退票、网上值机、航班动态查询、机场及航空公司其他服务预订等。

（四）安全服务

包括机场的航站楼防爆检查、旅客安检、行李安检、货物安检、道口安检等。

（五）不正常航班服务

包括航班延误或取消后，旅客的改签、休息、安排酒店、理赔等一系列的后续服务；也包括地震、台风、大雾、暴雪、战争等灾害紧急情况下，航班大面积滞留下的应急服务。

（六）航班信息服务

包括航站楼航班显示系统、广播、电话、网络、短信、微信、公众号、小程序、抖音、微博、邮件或网站等多种渠道向旅客提供航班动态信息。

拓展阅读 ▶▶ **我国航空公司为特殊旅客提供的人性化服务**

东方航空：无成人陪伴儿童服务

东方航空为无成人陪伴儿童提供全程监护服务。例如，2022年，一名8岁的儿童独自乘坐东方航空航班从上海前往北京。东方航空地勤人员在登机前详细核对了孩子的身份信息，并安排专人陪同登机。在飞行过程中，机组人员密切关注孩子的状态，并定期询问其需求。抵达目的地后，地勤人员协助孩子下机，并联系接机人，确保孩子安全交接。

南方航空：特殊餐食服务

南方航空为有特殊饮食需求的旅客提供个性化餐食服务。例如，2023 年，一位素食旅客在乘坐南方航空航班从广州前往悉尼时，提前通过南方航空公司网站预订了素食餐。航班起飞后，机组人员及时为该旅客提供了符合其饮食要求的素食餐，并确保餐食的新鲜和口感。

海南航空：无障碍出行服务

海南航空为行动不便的旅客提供轮椅服务和优先登机服务。例如，2022 年，一位使用轮椅的旅客需要从海口前往北京。海南航空在海口机场为该旅客提供了优先办理登机手续的服务，并安排专人协助通过安检和登机。在飞行过程中，机组人员也提供了必要的帮助，确保旅客的舒适和安全。

四川航空：特殊医疗设备运输服务

四川航空为携带特殊医疗设备的旅客提供运输解决方案。例如，2021 年，一位需要携带呼吸机的旅客计划从成都飞往上海。四川航空在了解旅客需求后，协助其办理了特殊行李的托运手续，并确保呼吸机在整个飞行过程中得到妥善处理和供电。

任务工单▼

民航服务基本技能任务工单			
项目	走进民航服务		
任务	认识民航服务		
负责导师		截止日期	
任务描述	本工单依据民航院校学生需要掌握的民航服务基本知识制定，主要面向民航服务岗位，培养学生掌握在民航行业中提供专业和高效的服务所需的基本技能和知识。		
任务目标	目标	掌握民航服务的含义和类型。	
	关键成果	1. 了解服务与民航服务的含义。	
		2. 掌握民航服务的特点。	
		3. 掌握民航服务的类型。	
任务重点	1. 了解服务与民航服务的含义。 2. 能够掌握民航服务的类型。		

续表

主要内容	①了解服务与民航服务的含义。	②掌握民航服务的特点。	③掌握民航服务的类型。	④收集并整理我国民航发展过程中对民航服务人员专业技能需求的变化。
任务难度	□简单	□一般	□偏难	□困难
完成确认	序号	检查事项		组长签字
	1	任务要求是否明确？		
	2	是否了解服务与民航服务的含义？		
	3	是否掌握民航服务的特点？		
	4	是否掌握民航服务的类型？		
	5	是否达到学习要求？		

注意事项：
1. 请严格按照工单内容要求进行项目实践，不得随意更改流程。
2. 在完成任务后，请进行自检，完成请打√。

教师签字：

拓展训练▼

1. 服务和民航服务的含义是什么？

2. 民航服务具有什么特点？

3. 民航服务的种类有哪些？

自我评价▼

任务三
认识航空公司及航空联盟

任务描述 ▼

　　康康所在的中学举办了"民航知识进校园"讲座。此次讲座，学校邀请了几大航空公司的空勤和地勤人员。他们精心准备了民航发展历程、航空器分类、如何安全乘坐飞机等相关知识，通过简单的文字、精美的图片、通俗易懂的小视频等多种形式，为学生上了一堂生动的民航知识普及课。在场的学生通过学习，感受到我国民航事业从无到有、从有到优是无数前辈刻苦钻研、无私奉献的结果。我国民航经过多年发展，航空公司也经过成立、发展、壮大和整合等过程。讲座后，学生们表达了对民航的热爱和从事民航事业的愿望。作为未来的民航从业人员，我们需要知道哪些基本的航空知识呢？

知识准备 ▼

一、我国三大航空公司

　　我国民航经过多年发展，现已形成三大航空公司、六家主要地方航空公司和逐步兴起的中小航空公司的格局。其中，三大航空公司是指中国国际航空股份有限公司、中国东方航空股份有限公司、中国南方航空股份有限公司。

　　（一）中国国际航空股份有限公司

　　中国国际航空股份有限公司，简称"国航"，英文名为 Air China 。国航的二字代码（IATA 代码，由国际航空运输协会统一编码）为 CA，运单前缀为"999"，飞行常旅客计划是"凤凰知音"（Phoenix Miles）。

　　国航是中国航空集团有限公司控股的航空运输主业公司，是中国唯一可以悬挂国旗飞行的民用航空公司，也是唯一被社会认可的使用"国航"简称的单位。国航承担着中国国家领导人出国访问的专机任务，也承担许多外国元首和政府首脑在国内的专包机任务。

　　中国国际航空股份有限公司的前身中国国际航空公司，成立于1988年。中国国际航空公司的前身——民航北京管理局飞行总队于1955年1月1日正式成立。1988年，民航北京管理局分设，成立中国国际航空公司。

　　国航的企业标识由一只艺术化的凤凰和中国改革开放的总设计师邓小平同志书写的"中国国际航空公司"以及英文 AIR CHINA 构成（图1-6）。国航标志是凤凰，同时又是英文 VIP（尊贵客人）的艺术变形，颜色为中国传统的大红。胖安达是中国国际航空股份有限公司的吉祥物（图1-7）。

图 1-6　中国国际航空股份有限公司标识　　图 1-7　中国国际航空股份有限公司吉祥物

（二）中国东方航空股份有限公司

　　中国东方航空股份有限公司，简称"东航"，英文名为 China Eastern Airlines。东航的二字代码为 MU，运单前缀为"781"，飞行常旅客计划是"东方万里行"（Eastern Miles）。

　　中国东方航空股份有限公司总部位于上海，前身可追溯到1957年1月原上海管理处成立的第一支飞行中队。图1-8所示为中国东方航空股份有限公司的标识。

图 1-8　中国东方航空股份
有限公司标识

（三）中国南方航空股份有限公司

　　中国南方航空股份有限公司，简称"中国南方航空"或"南方航空"，英文名为 China Southern Airlines。南方航空的二字代码为 CZ，运单前缀为"784"，飞行常旅客计划是"南航明珠俱乐部"（China Southern Sky Pearl Club）。

中国南方航空股份有限公司总部设在广东省广州市，以天蓝色垂直尾翼镶抽象化的红色木棉花为标识（图1-9）。

图1-9　中国南方航空股份有限公司标识

二、我国六大地方航空公司

（一）海南航空控股股份有限公司

海南航空控股股份有限公司简称"海南航空"，英文名为 Hainan Airlines。海南航空的二字代码为HU，运单前缀为"880"，飞行常旅客计划是"金鹏俱乐部"（Fortune Wings Club）。

海南航空总部设在海南省海口市，于1993年成立，致力于为旅客提供全方位无缝隙的航空服务。图1-10所示为海南航空标识。

图1-10　海南航空标识

（二）厦门航空有限公司

厦门航空有限公司简称"厦门航空"，英文名为 Xiamen Air。厦门航空的二字代码为MF，运单前缀为"731"，飞行常旅客计划是"白鹭卡"（Egret Miles）。

厦门航空总部设在福建省厦门市，成立于1984年，是我国首家按现代企业制度运营的航空公司。图1-11所示为厦门航空标识。

图1-11　厦门航空标识

（三）四川航空股份有限公司

四川航空股份有限公司简称"川航"，英文名为 Sichuan Airlines。川航的二字代码是3U，运单前缀是"876"，飞行常旅客计划为"金熊猫会员俱乐部"（Golden Panda）。

四川航空股份有限公司成立于2002年8月，总部位于四川省成都市，川航改制前为四川航空公司，该公司成立于1986年9月。图1-12所示为川航标识。

2018年9月4日，四川省总工会代表中华全国总工会授予成功处置险情的川航3U8633航班机长刘传健同志全国五一劳动奖章、川航3U8633航班机组全国工人先锋号。

图1-12　川航标识

2018年5月14日，川航3U8633航班在成都区域巡航阶段，驾驶舱右侧前风挡玻璃爆裂脱落，机组实施紧急下降。面对突发情况，机长刘传健（图1-13）等全体机组成员沉着应对，克服高空低压、低温等恶劣环境，在多部门密切配合下，备降成都双流国际机场，所有旅客平安落地，有序下机并得到妥善安排。

2018年6月8日，四川省、中国民用航空局成功处置川航3U8633航班险情表彰大会在成都召开。为表彰先进、弘扬正气，中国民用航空局、四川省人民政府决定授予川航3U8633航班机组"中国民航英雄机组"称号，授予刘传健同志"中国民航英雄机长"称号并享受省级劳动模范待遇。《中国机长》改编自川航英雄机长刘传健的故事。2020年6月2日，该事件调查报告出炉。调查报告显示，本次事件的最大可能原因是：B-6419号机右风挡封严（气象封严或封严硅胶）可能破损，风挡内部存在空腔，外部水汽渗入并存留于风挡底部边缘。电源导线被长期浸泡后绝缘性降低，在风挡左下部拐角处出现潮湿环境下的

图1-13 刘传健

持续电弧放电。电弧产生的局部高温导致双层结构玻璃破裂。风挡不能承受驾驶舱内外压差从机身爆裂脱落。

（四）山东航空股份有限公司

山东航空股份有限公司简称"山航"，英文名为Shandong Airlines。山航的二字代码为SC，运单前缀为"324"，飞行常旅客计划是"凤凰知音"。

山航总部设在山东省济南市。山东航空股份有限公司成立于1999年12月，其前身系成立于1994年的山东航空有限责任公司。图1-14所示为山航标识。

图1-14 山航标识

（五）上海航空股份有限公司

上海航空股份有限公司，简称"上海航空"或"上航"，英文名为Shanghai Airlines。上海航空的二字代码为FM，运单前缀为"774"，飞行常旅客计划是"东方万里行"。

图 1-15 上海航空标识

图 1-16 深航标识

上海航空股份有限公司成立于 1985 年 12 月，总部设在上海，是中国第一家多元化投资的商业性质有限责任航空企业。图 1-15 为上海航空标识。

（六）深圳航空有限责任公司

深圳航空有限责任公司简称"深航"，英文名为 Shenzhen Airlines。深航的二字代码为 ZH，运单前缀为"479"，飞行常旅客计划是"凤凰知音"。

深航于 1992 年 11 月成立，总部设在广东省深圳市。图 1-16 所示为深航标识。

三、世界六大航空公司

（一）美国航空公司

图 1-17 美国航空标识

美国航空公司（American Airlines）二字代码为 AA，运单前缀为"001"。美国航空公司成立于 1939 年，其标识如图 1-17 所示。

（二）达美航空公司

图 1-18 达美航空公司标识

达美航空公司（Delta Air Lines）总部位于美国佐治亚州亚特兰大。达美航空公司的二字代码为 DL，运单前缀为"006"。达美航空公司成立于 1928 年，其标识如图 1-18 所示。

（三）美国联合航空公司

图 1-19 美国联合航空公司标识

美国联合航空公司（United Airlines）成立于 1926 年，总部设在美国伊利诺伊州芝加哥。美国联合航空公司的二字代码为 UA，运单前缀为"016"。图 1-19 所示为美国联合航空公司标识。

（四）国泰航空有限公司

图 1-20 国泰航空有限公司标识

国泰航空有限公司（Cathay Pacific Airways）简称"国泰航空公司"，二字代码为 CX，运单前缀为"160"，成立于 1946 年。

国泰航空有限公司总部设在中国香港，其标识如图 1-20 所示。

（五）阿联酋航空公司

阿联酋航空公司（Emirates Airlines），又称"阿拉伯联合酋长国航空公司"，成立于1985年，总部设于迪拜。阿联酋航空公司的二字代码为EK，运单前缀为"176"。其标识如图1-21所示。

图 1-21　阿联酋航空公司标识

（六）全日空航空公司

全日空航空公司（All Nippon Airways），又称"全日本空输株式会社"，简称"全日空"，二字代码为NH，运单前缀为"205"。全日空航空公司成立于1952年，总部设于日本东京，其标识如图1-22所示。

图 1-22　全日空航空公司标识

四、世界三大航空公司联盟

为了更好、更方便地共享资源，增强在航空运输市场上的竞争力，世界上许多航空公司经过联合组成跨国、跨地区的航空公司联盟。联盟的发展得益于其给旅客及联盟成员带来的日益明显的利益。联盟通过其伙伴关系向旅客提供更多的实惠，包括各成员间常旅客计划合作、共享机场贵宾室、更便捷的航班安排、联程订座和登记手续、更顺利的中转连接，实现全球旅客服务支援和无缝隙服务。

对其成员来讲，联盟则以低成本扩展航线网络、扩大市场份额、增加客源和收入而带来更多的商机，并且可以在法律允许的前提下实行联合销售、联合采购、降低成本，充分利用信息技术协调发展。

（一）星空联盟

星空联盟（Star Alliance）成立于1997年，总部位于德国法兰克福，是世界上第一家全球性航空公司联盟。星空联盟最初的5个成员为加拿大航空公司、德国汉莎航空公司、北欧航空公司、泰国国际航空公司、美国联合航空公司。星空联盟的标语是"地球连结的方式"。

星空联盟网站显示，截至2024年6月有26家正式成员。我国加入星空联盟的航空公司共有3家，分别是中国国际航空股份有限公司、长荣航空股份有限公司、深圳航空有限责任公司。星空联盟的标识如图1-23所示。

图 1-23　星空联盟标识

图 1-24　天合联盟标识

（二）天合联盟

2000 年，美国达美航空公司、法国航空公司、大韩航空公司以及墨西哥国际航空公司宣布共同组建"天合联盟"（SkyTeam）。天合联盟总部位于荷兰阿姆斯特丹，其标识如图 1-24 所示。其网站显示，截至 2024 年 6 月，有 19 家正式会员。我国加入天合联盟的航空公司共有 3 家，分别是中国东方航空股份有限公司、中华航空股份有限公司和厦门航空有限公司。

（三）寰宇一家

图 1-25　寰宇一家标识

寰宇一家（oneworld）成立于 1999 年，由美国航空公司、英国航空公司、原加拿大航空公司、国泰航空有限公司及澳洲航空公司共同发起。寰宇一家创始之初总部设在加拿大温哥华，后迁至美国纽约，其网站显示，至 2024 年 6 月，有 13 家正式会员。寰宇一家标识如图 1-25 所示。

任务工单 ▼

民航服务基本技能任务工单		
项目	走进民航服务	
任务	认识航空公司及航空联盟	
负责导师		截止日期	
任务描述	本工单依据民航院校学生需要掌握的民航服务基本知识制定，主要面向民航服务岗位，加强学生对中国和世界主要航空公司的了解，并加深学生对世界三大航空公司联盟的认知。	
任务目标	目标	掌握中国和世界主要航空公司，以及世界三大航空公司联盟的基本信息。
	关键成果	1. 了解并说出我国三大航空公司及其基本信息。
		2. 了解并说出我国六大地方航空公司及其基本信息。
		3. 了解并说出世界六大航空公司及其基本信息。
		4. 了解并说出世界三大航空公司联盟及其基本信息。
任务重点	1. 掌握我国三大航空公司和六大地方航空公司基本信息。 2. 掌握世界六大航空公司和三大航空公司联盟基本信息。	

续表

主要内容	①能够说出我国三大航空公司的完整名称及其基本信息。	②能够说出我国六大地方航空公司的完整名称及其基本信息。	③能够说出世界六大航空公司的完整名称及其基本信息。	④能够说出世界三大航空公司联盟的完整名称及其基本信息。
任务难度	□简单	□一般	□偏难	□困难

完成确认	序号	检查事项	组长签字
	1	任务要求是否明确？	
	2	能否说出我国三大航空公司和六大地方航空公司的完整名称及其基本信息？	
	3	能否说出世界六大航空公司和三大航空公司联盟的完整名称及其基本信息？	
	4	作业是否合格？	
	5	是否达到学习要求？	

注意事项：
1. 请严格按照工单内容要求进行项目实践，不得随意更改流程。
2. 在完成任务后，请进行自检，完成请打√。

教师签字：

拓展训练 ▼

1. 国航的二字代码是 _____，航徽是 _____，是中国唯一可以 _____ 的航空公司。

2. 我国加入星空联盟的航空公司有 _____ _____。

3. 利用网络分组搜索，了解更多航空公司基本信息。

自我评价 ▼

了解民航员工应具备的基本素质

核心目标

>>> 职业能力

1. 了解民航员工需要具备的职业道德素质。

2. 了解民航业对民航员工的文化素质要求。

3. 了解民航业对民航员工的业务素质要求。

4. 了解民航业对民航员工的心理素质要求。

>>> 职业素养

1. 树立真情服务意识，产生投身民航、报效国家的理想抱负。

2. 具备高瞻远瞩的长远发展眼光和大局意识。

3. 养成求真务实、开拓创新的职业精神。

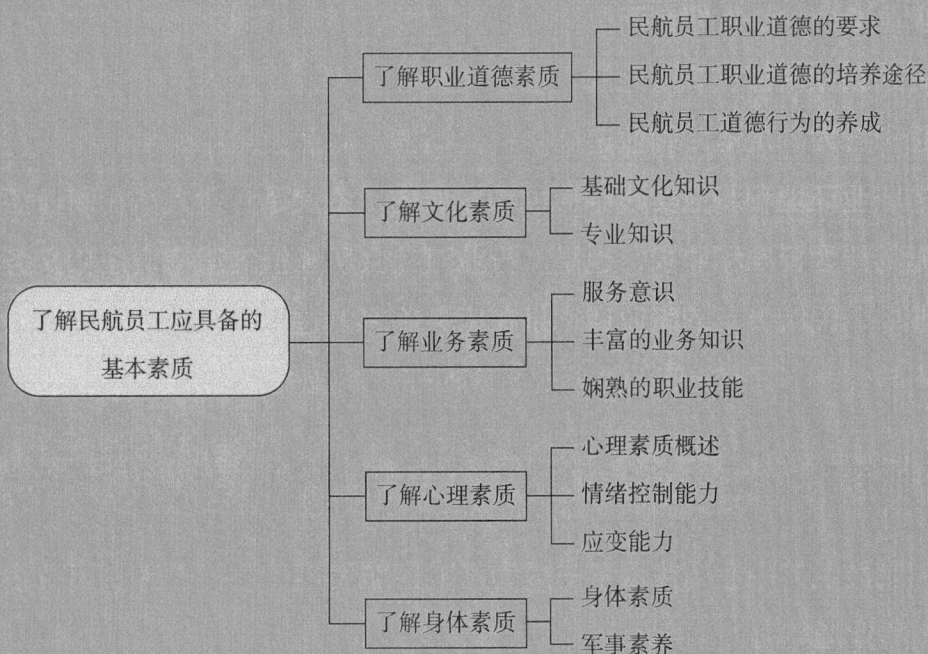

任务一
了解职业道德素质

任务描述 ▼

　　某航班起飞后不久，遭遇 6 名歹徒暴力劫机，他们企图闯入驾驶舱。暴力事件发生后，机组人员临危不惧，立刻果断处置。此时，航班上多名旅客见义勇为，挺身而出，协助机组人员控制住歹徒。从歹徒开始劫机，到全部被制服，仅仅用了 10 多分钟。在此次事件中，全体机组人员沉着冷静、妥善应对，驾驶飞机安全返航。请查阅相关资料，小组内交流：该事件体现了机组人员哪些职业道德素养？

知识准备 ▼

　　职业道德，是人们在职业活动中应遵循的特定职业规范和行为准则，即正确处理职业内部、职业之间、职业与社会之间、人与人之间关系应当遵循的思想和行为的规范。职业道德是社会道德在职业生活中的具体化。它是在相应的职业环境和职业实践中形成和发展的，不仅是从业人员在职业活动中应遵循的行为标准和要求，也是本行业对社会所承担的道德责任和义务。在民航业中，民航员工的职业道德是在服务旅客的过程中，处理与旅客关系以及个人与公司、国家之间的关系时所应遵守的职业规范和行为准则。

一、民航员工职业道德的要求

　　民航员工的职业道德水平已成为影响民航发展的关键因素。民航企业对员工的职业道德有如下要求。

（一）增强职业观念

民航的职业特点是围绕"航空器的成功位移"来展开的，其主要任务是保证安全第一，改善服务工作，争取飞行正常。

第一，要有安全观念。安全是民航生存和发展的生命线，每一位员工都是安全工作的管理者和侦察兵，切实做到全员覆盖、主动发现、及时报告、深入分析、及时治理、持续跟踪，形成"人人查隐患，人人零容忍"的良好氛围。坚决杜绝工作中出现麻痹、粗心大意、经验主义倾向，切实把安全工作落到实处，确保民航"绝对安全"。

第二，要有服务观念。服务质量与水平是民航企业的"生存线"，民航员工应热情为旅客服务，急旅客所急，帮旅客所需，热爱劳动，不怕吃苦，为旅客提供干净、舒适、愉快的旅行环境。民航员工的标准就是使自己的服务质量与世界航空服务标准接轨，服务的最高追求不是"满意"，而是创立"品牌"，使企业获得"品牌效应"。

第三，要有效益意识。没有效益的企业无法生存。没有经济实力的企业，拿什么应对国际化的竞争？所以，效益意识必须深入人心，效益必须成为民航从业人员工作的目标。

（二）强化职业纪律

职业纪律是在特定的职业活动范围内从事某种职业的人必须共同遵守的行为准则。它包括劳动纪律、组织纪律、财经纪律、群众纪律、保密纪律、宣传纪律、外事纪律等基本纪律要求，以及各行各业的特殊纪律要求。其特点是具有明确的规定性和一定的强制性。民航员工的职业纪律集中体现在《中华人民共和国民用航空法》等法规制度中，它们是我国民航 70 多年来经验教训的结晶，具有很强的针对性和规范性。民航员工必须严格遵守，不得有丝毫懈怠，否则，就会危及飞行安全，给国家和人民生命财产带来严重危害。

（三）培养良好的职业作风

职业作风是指从业者在其职业实践和职业生活中所表现的一贯态度，是敬业精神的外在表现。民航每个员工，不论分工如何、能力大小，都要在本职岗位上全心全意为旅客、货主服务，把为旅客、货主服务的道德观和为旅客、货主服务的思想，贯穿于本职工作的全过程。要坚持集体主义，发扬团队精神，反对拜金主义、享乐主义和极端个人主义；要保证工作的严谨性，一丝不苟、万无一失地完成企业赋予的使命；要坚持廉洁奉公，遵纪守法，不利用手中之权谋私，不索贿受贿。

（四）端正职业态度

职业态度是指个人对所从事职业的看法及在言谈举止方面反应的倾向。一般情况下，态度的选择和确立与个人对职业的价值认识，即职业观与情感维系程度有关，是构成职业行为倾向的稳定的心理因素。民航所有从业人员都应爱岗敬业：要热爱自己的工作岗位，尊重自己所从事的事业，做到踏实认真、勤于实践、努力钻研，不断提高业务水平；要诚实守信、办事公道，公平、公正地服务旅客、货主，奉献社会；要欢迎广大群众监督，虚心接受群众的批评，不断提高为人民服务的质量。

（五）提高职业技能

职业技能是按照国家规定的职业标准，通过政府授权的考核鉴定机构，对劳动者的专业知识和技能水平进行客观公正、科学规范的评价与认证的活动。

对学生来说，职业技能是将来就业所需的技术和能力。学生是否具备良好的职业技能是能否顺利就业的前提。

民航员工要在本职工作的实践中，从保证安全和为旅客、货主提供优质服务的角度，从企业生存与发展的高度，认真学习科学文化和专业知识，对服务技术精益求精，不断掌握新知识、新技能，积累新经验，成为岗位能手和专门人才，不断提高为人民服务的思想觉悟和本领。

情境再现 ▶ ▶ **尽职尽责的机务员**

一天下午，某航空公司工程技术分公司维修基地执管飞机 B-2700 回渝后，乘务长反映飞机左后厕所马桶堵塞，严重影响了客舱旅客的乘机环境。闻言，当日航线一车间值班班组长小马立即上机检查故障。他打开飞机左后厕所门的一瞬间，一股让人难以忍受的恶臭扑鼻而来。然而，小马仅仅皱了皱眉头，便强忍着恶臭，蹲在马桶边上仔细观察。但是，由于污物实在太多，从表面看根本发现不了什么，必须将堵塞在马桶里的污物挖出来才能知道堵塞的真正原因。于是，小马二话没说，立即赶回航线值班室借来橡胶手套、纸杯、口罩以及大的塑料袋等，回到飞机上用手掏出污物。身边的人都很清楚，在这种环境下，戴着简易口罩根本不可能阻挡那些刺鼻的气味。然而，对小马来说，这种情况在长年累月的机务维修生涯中或许只是"小事一桩"。经过十几分钟的努力，马桶里的污物已经掏得差不多了，随即，堵塞马桶的原因也终于水落石出了。原来，只是一个洗手液瓶卡在了管道中。小马长松了一口气，小心翼翼地取出瓶子，在进行了多次冲水测试后，终于确认故障排除，马桶恢复了正常使用。事后，他没有抱怨工作的辛苦，而是非常庆幸地说道："幸亏只是东西卡住了，如果是元件或者管路出现故障，那才真是糟糕，说不准，明天的航班都会受影响呢！"

想一想▼

读了小马的事迹后，结合你的专业和学业想一想，在学习中应怎样提高自己的职业道德。

点评： 作为一名合格的机务员，不仅要保障飞机的飞行安全，绷紧安全这根弦，还要把服务的理念放在心中，保证旅客以及飞行工作人员在航班运行期间的舒适性。如果飞机出现了故障，不管这个故障有多么严重或者多么让人难以忍受，作为机务员都要尽百分之百的努力排除，保证航班的正常运行。这就是一个机务员的职业道德。

二、民航员工职业道德的培养途径

民航企业如何把握员工职业道德建设的特点和规律，把员工职业道德建设抓好，使其有成效呢？他们主要从以下几个方面入手。

（一）加强思想政治与职业道德素养教育

加强思想政治与职业道德素养教育是培养未来民航员工的道德情操的重要途径，是确保民航安全和民航稳定的重要途径。同时，它可以使民航员工系统了解和掌握中国民航职业道德的理论内涵和具体要求，使其真正理解民航职业道德在民航企业发展中的地位与作用，充分认识民航职业道德与自己在民航系统工作中的进步及民航事业的长远发展中的内在、本质的联系。职业道德素养教育能使民航员工形成自觉的职业道德观念、良好的职业习惯和稳定的内在品性。民航员工要以理想信念为核心，深入进行世界观、人生观和价值观学习；培养自身的爱国主义、集体主义和乐观主义精神，深入弘扬和培育民族精神。企业应以基本道德规范为基础，深入进行公民道德教育，从而引导民航员工形成健全的道德行为能力和道德品质。

（二）树立信息素养教育理念

信息素养是人们在解决问题时利用信息的技术和能力，包括对信息的反思与评价，理解信息的产生，利用信息创造新知识以及参与学习社区的综合能力等。民航业重要环节的运营都离不开信息技术，民航员工都应具有一定的信息素养。民航员工良好的信息素养表现为：灵活选择信息工具，解决日常学习和工作中的问题；借助专业的信息工具发现问题；通过工具整合、分析数据，最终用于创新。在信息素养的养成中，有意识地发现工具、尝试性地探索工具、主动性地应用工具、创造性地发明工具，从而养成良好的信息素养。

（三）丰富民航员工企业文化环境，展示企业形象

在我国市场经济体制日趋完善的过程中，民航服务面临更高标准，这要求民航员工职业道德建设与此相适应。民航企业应当把员工职业道德完善与提高，同企业的发展与进步内在地、有机地结合起来。现代民用航空工作的目标，已超越了把旅客从甲地安全地送到乙地的狭隘理解，而是在此过程中，以尽善尽美的服务为载体，向人们传递文化观念，展现生活方式，展示企业形象，以文化的认同服务于旅客，使企业具有长远发展的底蕴，进而取得更好的社会与经济效益，使企业在越来越激烈的市场竞争中立于不败之地。

（四）转变思想观念，推行自主学习模式

民航服务属于高端服务，对服务的层次和水平要求较高。民航员工需要树立终身学习的态度，不断学习国内外先进的服务理念和服务技巧，同时丰富人文、旅游、科普、时政等方面的知识，扩展知识面，提升内涵，提高综合素质，不断完善人格修养，从而提高服务意识和服务水平。

（五）完善民航员工心理素质教育

民航员工不仅服务于旅客，而且肩负着保障旅客安全的使命，所以必须具有健全的个性、稳定的情绪。民航员工应具有克服心理恐慌和处理突发事件的心理素质，一旦有突发事件或安全隐患出现，不仅要自我调节，保持自身镇定，还要有从容不迫地处理突发事件的能力。同时，民航员工要注重良好人际关系的建立，即在工作中除强调个体服务技能和水平以外，还应特别重视人际交流和团队协作，以获得对复杂情况的认知、监控和管理。

（六）严格执行准军事化标准化特色管理

军令如山，军中无戏言。如果员工坚决服从领导指令，坚决执行企业的既定方针和策略，并且在执行中注重配合，讲究协作，这个企业就具有超强的战斗力，就一定会攻无不克、战无不胜。

民航企业应该是高标准和高效率的企业。为了适应民航业的发展和需要，民航企业应积极推行准军事化管理。其学习与效仿的十大品质：理想崇高、信仰坚定的铁的忠心，攻无不克、战无不胜的铁的意志，志同道合、生死与共的铁的团结，军令如山、步调一致的铁的纪律，打不垮、拖不烂的铁的作风，没有借口、坚决执行的铁的决心，勇挑重担、守护安全的铁的责任，热爱荣誉、奋力进取的铁的精神，不甘失败、勇敢拼搏的铁的雄心，目标明确、全力以赴的铁的壮志。民航企业应进一步提高员工的军事素养。相关学校在制定合理、有效的军事化管理规章制度的基础上，应坚持正面教育和从严管理，严格执行作息制度、请假销假制度、晚自习制度以及日常行为规范和内务管理制度等，使学生从起床、内务整理，到上操、吃饭、上课，再到体育训练、自习、休息，每时每刻都受到准军事化的约束和管理，将准军事化内化为自觉约束机制，从而养成良好的习惯和文明的作风。

三、民航员工道德行为的养成

我们在以后的工作中会遇到很多与自身利益相冲突的问题，这个时候，作为一名民航员工应该从哪些方面去考虑并且衡量自己的行为呢？接下来，我们将学习民航员工道德行为养成的"四符合"原则。

（一）符合国家和社会的利益

从国际上来看，我国民航业处于竞争劣势地位。我国民航业国际竞争力之所以不强，其中的原因是多方面的。支持我国航空公司"飞出去"，离不开宽松的政策环境，离不开相关部委、各地方政府的支持。提高我国民航业国际竞争力，有利于维护国家整体利益。作为民航员工，我们应该把国家荣誉、国家利益和社会利益放在首位。

（二）符合法律规范和社会的基本道德

一名民航人，首先应该是一名社会公民。无论从事何种职业，都必须遵纪守法、维护社会公德，民航员工也不能例外。做一个守法公民、做一个有社会公德心的人，是每一个民航员工做好自己分内工作的前提，也是基本义务。

（三）符合民航岗位的职业道德

课堂研讨
1.民航员工职业道德的基本要求是什么，请举例说明。
2.请在网络上查询关于民航员工道德行为的案例，讲给同学们听，并展开讨论。

在工作中，难免会出现个人利益与旅客利益发生冲突的时候。我们应从旅客的切身利益出发，在工作中所做的一切都要尽可能地满足旅客的合理需求，这是作为民航员工最基本的职业道德，也是圆满完成工作的保证。

（四）符合航空公司的社会效益和经济效益

在为旅客提供优质服务的前提下，民航员工的道德行为选择还应考虑航空公司的社会效益和经济效益。作为航空公司的员工，从业人员应忠诚于自己的事业、忠诚于自己的企业，以饱满的热情投入工作中，用心去工作、用心去对待每一位旅客，不计较个人得失，时刻使个人利益与企业利益保持高度统一。努力工作一方面可以提升自身的业务水平，提高企业效益；另一方面旅客反馈良好，促进了双方和谐融洽关系的建立，自然也就符合了社会效益。

任务工单▼

民航服务基本技能任务工单			
项目	了解民航员工应具备的基本素质		
任务	了解职业道德素质		
负责导师		截止日期	

续表

任务描述	本工单依据民航服务的典型工作任务制定，主要面向民航服务岗位，使学生增进对民航员工应具备的职业道德素质的了解，掌握民航员工职业道德的要求、理解民航员工职业道德的培养途径、掌握"四符合"原则，为素质提升奠定一定的基础。			
任务目标	目标	了解民航员工职业道德素质。		
	关键成果	1. 能说出民航员工职业道德的要求。		
		2. 知晓民航员工职业道德的培养途径。		
		3. 能说出民航员工道德行为养成的"四符合"原则。		
任务重点	1. 掌握民航员工职业道德的要求。 2. 掌握民航员工道德行为养成的"四符合"原则。			
主要内容	①掌握民航员工职业道德的要求。	②理解民航员工职业道德的培养途径。		③能够运用民航员工道德行为养成的"四符合"原则。
任务难度	□简单	□一般	□偏难	□困难
完成确认	序号	检查事项		组长签字
	1	任务要求是否明确？		
	2	能否准确阐述民航员工职业道德的要求？		
	3	能否根据情境准确给出民航员工职业道德的培养途径？		
	4	能否对标运用"四符合"原则？		
	5	是否达到学习要求？		

注意事项：
1. 请严格按照工单内容要求进行项目实践，不得随意更改流程。
2. 在完成任务后，请进行自检，完成请打√。

教师签字：

拓展训练▼

1. 工作中会遇到与自身利益相冲突的时候，民航员工应考虑自己的行为是否符合国家和社会的利益、_____、符合民航岗位的职业道德、_____。

2. 民航员工职业道德的要求有哪些？

自我评价▼

任务二
了解文化素质

任务描述 ▼

民航员工工作在航空公司、机场等服务岗位的第一线，他们的言谈举止在一定程度上代表着民航企业，所以民航员工要注重自我的职业素养。文化素质是民航员工职业素养的重要组成部分，作为准民航员工，你知道优秀的民航员工应具备哪些文化素质吗？让我们一起来学习吧。

知识准备 ▼

文化素质是指人们在文化方面所具有的较为稳定的、内在的基本品质，表明人们在这些知识及与之相适应的能力、行为、情感等方面综合发展的质量、水平和个性特点。民航业是知识、技术密集型行业，对民航员工知识层次要求较高。民航员工应具备一定的基础文化知识和专业知识。

一、基础文化知识

课堂研讨

根据本任务所学，小组讨论，民航员工应从哪些方面提升自己的文化素质？

（一）良好的思想道德修养和丰富的相关法律知识

民航业是国家窗口行业。民航业是具有服务性质的、反映国家形象的交通运输业，因而，民航员工良好的思想道德修养和丰富的法律知识就显得尤其重要。民航员工如果没有一定的思想道德修养和法律知识储备，在民航服务行业工作是相当危险的。

（二）优秀的交际能力

1. 标准流利的普通话

普通话是我国通用语言，在民航服务过程中，标准流利的普通话是沟通的基本条件。否则，在交流的过程中可能会产生不必要的误解和麻烦。

2. 较强的外语交流能力

民航服务行业的各种岗位，如安检、空乘、值机、票务等，随时可能遇到世界各国的旅客，所以，民航员工需要具备较强的外语交流能力。

（三）计算机运用能力

随着我国经济的飞速发展，民用航空运输业呈现蓬勃发展的态势。计算机技术的应用范围越来越广，民航依赖计算机处理业务的程度也越来越高。各主要机场都使用机场综合信息计算机管理系统，实现了办公、业务和服务的自动化，如网上订票、值机等。所以，计算机运用能力是一项相当重要的基本技能。

（四）良好的礼仪

民航服务作为一个特殊行业，其服务内容有别于一般的服务业，对从业人员提出了更高的要求。民航服务人员的个人职业素质和服务质量会代表航空公司的形象，影响公司效益，因此优秀的民航服务人员必须具备较高的职业素质、良好的服务意识、优雅的礼仪、流利的语言表达能力和吃苦耐劳的工作精神。这些素质只能通过后天的长期训练才能养成和完善。健康的身体条件对民航服务人员来说十分重要，形体训练能使人的体格、体能和适应能力均达到民航岗位工作条件的要求，并且符合人体美的标准。形体训练和礼仪训练是提高民航服务人员职业素质的重要途径，对其具有积极的促进作用。

二、专业知识

（一）航空货运和客运

航空货运是现代物流的重要组成部分，其提供的是安全、快捷、方便和优质的服务。拥有高效率和能提供综合性物流服务的机场在降低商品运输成本、保护生态环境、加速商品周转等方面发挥重要作用。培养一支经验丰富、专业、爱岗敬业的员工队伍，可以为各类货物的运输提供专业、可靠的保证。

航空货运的方式主要有班机运输、包机运输、集中托运和航空快递业务。

拓展阅读 ▶ ▶ **国际民用航空发展历程中的里程碑事件**

1903年12月17日，莱特兄弟首次试飞世界上第一架飞机"飞行者一号"。

1919年10月，在国际联盟的主持下签订了第一个民用航空国际协定《关于管理空中航行的公约》。

1926年，在维也纳成立了国际货运代理协会联合会（FIATA）。

1944年12月，在美国芝加哥通过了《国际民用航空公约》（又称《芝加哥公约》），于1947年4月4日生效。

1945年，成立国际航空运输协会（IATA）。

1947年4月4日，成立国际民用航空组织（ICAO），同年5月成为联合国专门机构。

旅客运输是航空运输的主要任务之一，随着世界经济的发展和航空运输力的不断增强，航空客运量不断增长，航空运输规模不断增大，服务质量要求不断提高，运输过程也越来越复杂。因此，航空运输计划越来越周密，组织实施越来越严格，以保障航空运输的安全、正点、优质、高效。

（二）民航运输地面服务

民航运输地面服务也叫地勤服务。广义上来说，地勤服务应该包括机场、航空公司及其代理企业为旅客、货主提供的各种服务以及空管、航油公司、飞机维修企业等向航空公司提供的服务。一般来说，我们将地勤服务的范围限定在航空公司、机场等相关企业为旅客提供的各种服务，如售票服务、通用服务、值机服务、行李服务、安检服务、联检服务、引导服务等。

（三）民航空中乘务

空乘专业培养德、智、体、美、劳全面发展，具有良好职业道德和人文素质，掌握民航服务礼仪、客舱应急、乘务空防安全等基本知识，具备服务意识和安全意识，具备客舱服务与安全管理能力，从事民航服务与安全管理工作的高素质技术技能人才。

（四）航空机务维修

机务维修人员是指在地面上担任航空器机体、发动机及通信电子维护工作的人员。机务维修是一项专业性强、技术性高的工作，其工作有内、外勤之分。外勤工作范围包括航空公司所通航各航空站（外站）航线维护工作、每日或过夜检查、过境维护及飞行前后检查等，也就是飞行前后要做妥善的起飞、落地、过境的检查以及加油、排除故障等。一切检查都符合飞行安全条件，飞机才能进行下一次飞行任务。另外，外勤人员对每架飞机做过夜检查，要依照过夜检查卡逐条逐项执行当天的总检查。有时亦需对其他航空公司飞机做过境检查、过境维护工作。外勤机务维修人员大部分是在户外——机坪工作。

内勤人员是在航空公司维护工厂，负责飞机三、四级维护工作，即对飞机结构及系统依编列的工作项目做一次较重大的预防性检查及必要修护。其中包括非破坏性检验、试验量测或校准、航空器翻修、航空器上每一部分的试测及检查、系统组（零）件之翻修与更新等。内勤人员就像飞机的保健医生，须从事电子、电气、仪表、发动机、液压附件、车床、机工、焊工、轮胎、零件补给及工程品管等工作。为保障飞行安全，对每一个维护过程或检测，机务维修人员都要签名以示负责，维护签证若不完整，民航局是不会给予适航签证的。无论是在机坪的外勤人员还是在工厂的内勤人员，都要在噪声高、闷热的环境中工作（图2-1）。机务维修人员部分上正常班、部分（尤其是外勤人员）轮班，正常上班时间通常与公务人员上班时间相同，轮班制上班时间各公司有不同规定。他们在遇到飞机有重大故障须排除时，常常要加班，尤其是飞机做过夜检查，为将缺陷、毛病排除，经常加班至天亮。

图2-1 机务维修

航空公司机务维修岗位大部分招收机械、机电、电子、航空等专业毕业的学生。新进人员在公司服务两年后，可按要求参加民航局举办的考试。考试通过，便能从事适航签证工作，取得执照是机务维修人员升迁、加薪的一个基本条件。

机务维修人员不仅需要懂得机械、电子方面的知识，还需要了解飞机构造、航空通信等专业知识。他们肩负整架飞机的安全责任，需要保证飞机达到"零事故"的状况，所以机务维修首重训练，不但新进人员要接受训练，现职人员每年也要接受在职训练或专业训练。

机务维修训练的目的是充实员工专业知识，提高员工技术水准，增强修护能力，降低修护成本，提高维修品质，确保飞行安全，并为旅客提供舒适、便捷、准时的空中交通运输服务，保障员工安全与健康，防止职业灾害。机务维修训练种类繁多，有新进机务维修人员基础训练、新机及装备接收训练、各型飞机装备及其系统维修训练、专业维修训练、在职训练及复训、外站机务维修人员训练、督导人员管理训练、安全卫生训练等。国内航空公司如果不具备各项训练能力，应委托其他航空公司代办或送至国外原厂训练。

拓展阅读 ▶▶▶

1. 国际民用航空组织（International Civil Aviation Organization，ICAO）

它是各国政府参加的国际航空运输组织，是 1944 年在美国芝加哥有 52 个国家参加的国际民航会议上，签订了《国际民用航空公约》后决定设立的国际民航组织。1947 年"国际民用航空组织"正式成立，并成为联合国的专门机构，到 2024 年它已有 193 个成员，总部设立在加拿大的蒙特利尔。最高权力机构是该组织的大会，每 3 年至少召开一次。理事会是常设机构，由 36 个理事组成，向大会负责。我国是该组织的成员国、理事国。理事会每年开 3 次会议，下设航空技术、航空运输、法律、导航设备、财务和防止非法干扰国际民航等委员会。日常办事机构设有航空技术局、航空运输局、法律局、技术援助局、行政服务局和对外关系办公室。在全世界设立了 7 个地区办事处，分管地区事务，这 7 个地区是西非和中非区、欧洲区、亚太区、中东区、东非和南非区、北美中美和加勒比区以及南美区。

2. 国际航空运输协会（International Air Transport Association，IATA）

它是世界航空运输企业自愿组成的非政府组织，前身是 1919 年在荷兰海牙成立并在第二次世界大战时解体的国际航空业务协会。1944 年 12 月，出席芝加哥国际民航会议的一些政府代表和顾问以及航空运输企业的代表聚会，商定成立一个新的组织服务于航空运输企业，并成立一个委员会起草章程。1945 年 4 月 16 日，在古巴哈瓦那会议上修改并通过草案章程后，国际航空运输协会成立。其总部设在加拿大的蒙特利尔。在组织形式上，它是一个航空企业的行业联盟，由于世界上大多数国家的航空公司是国家所有，即使非国有的航空公司也受到所属国政府的强力参与或控制，因此它实际上是一个半官方组织。它制定运价的活动，必然在各国政府授权下进行，它的清算所对全世界联运票价的结算是一项有助于世界空运发展的公益事业，因而国际航空运输协会发挥着通过航空运输企业来协调和沟通政府间政策、解决实际运作困难的重要作用。

任务工单▼

民航服务基本技能任务工单				
项目	了解民航员工应具备的基本素质			
任务	了解文化素质			
负责导师		截止日期		
任务描述	本工单依据民航服务的典型工作任务制定，主要面向民航服务岗位，增进学生对民航员工基本素质之文化素质的了解，理解行业对民航员工基础文化知识的要求，了解常见岗位民航员工应具备的专业知识，为素质提升奠定一定的基础。			
任务目标	目标	了解民航员工应具备的基础文化知识和常见岗位专业知识。		
	关键成果	1. 了解并能说出行业对民航员工基础文化知识的要求。		
		2. 能根据自身情况，了解心仪民航岗位的从业者需获得的证书，并制订证书获取计划。		
任务重点	1. 牢记行业基础文化知识要求。 2. 能制订切实可行的计划。			
主要内容	①理解基础文化知识的重要性。	②掌握心仪岗位所需要的文化素质。	③制订切实可行的计划。	
任务难度	□简单	□一般	□偏难	□困难
完成确认	序号	检查事项		组长签字
	1	任务要求是否明确？		
	2	能否准确理解基础文化知识的重要性？		
	3	是否独立制订切实可行的计划？		
	4	是否达到学习要求？		
注意事项： 1. 请严格按照工单内容要求进行项目实践，不得随意更改流程。 2. 在完成任务后，请进行自检，完成请打√。 　　　　　　　　　　　　　　　　　　　　　　　　　　教师签字：				

拓展训练▼

　　查阅国家职业标准，了解其中民航岗位对文化素质的规定，检查自身知识掌握情况。

自我评价▼

任务三
了解业务素质

任务描述▼

　　业务素质是指从事业务的人员在完成业务活动的过程中所具备的综合能力，是客户对业务人员的主客观认知与认可。良好的业务素质，可以促成业务交往与客户情感往来。业务素质通常包括主观特征、专业业务技巧等。那么，民航员工应具备什么样的业务素质呢？

知识准备▼

一、服务意识

（一）服务意识的概念

　　服务意识是指企业全体员工在与一切企业利益相关的人或组织的交往中所展现的为其提供热情、周到、主动的服务的欲望和意识，即自觉主动做好服务工作的一种观念和愿望。它发自服务人员的内心。

（二）服务意识的内涵

　　企业，特别是民航这样的服务行业中的企业，必须将服务意识作为对员工的基本素质要求加以重视。每一个员工都必须树立起自己的服务意识。服务意识有强烈与淡漠之分，服务有主动与被动之分。这是认识程度问题，认识深刻就会有强烈的服务意识；有了强烈展现个人才华、实现人生价值的观念，就会有强烈的服务意识；有了以公司为家、热爱集体、无私奉献的风格和精神，就会有强烈的服务意识。服务意识的内涵如下。

　　第一，它是发自服务人员内心的。

> **课堂研讨**
> 服务意识的内涵是什么？

第二，它是服务人员的一种本能和习惯。

第三，它是可以通过培养、教育、训练形成的。

（三）现代服务意识

现代服务意识包括：先做好服务工作，解决旅客的实际问题；规定、报酬和责任，应该放在服务之后来解决。

为旅客服务的目标是让旅客满意。信守服务承诺，用心服务并乐于为别人服务，给他们带来欢乐。

情境
再现　▶▶　**一封来自小朋友的感谢信**[①]

2024 年 7 月中旬，浙江温州机场收到了一封感谢信，信中表达了对温州机场服务的高度认可与感激之情。

这封信来自一个由 50 余名小旅客组成的研学旅行团。他们于前几日从温州机场出发前往北京参加夏令营，温州机场用"智慧 N+"悦享的团队服务一路相伴，为孩子们提供周到的服务。

面对这群小旅客，温州机场迅速展开行动。值机党员先锋岗引导小旅客操作，专员向导全程陪同，服务团队还为他们开通了专用绿色通道，各个流程高效对接。此外，还有工作人员为小旅客分发"悦享卡"，小旅客们手持此卡，一路畅行，开启研学之行。

这张"悦享卡"来自"智慧 N+"服务品牌。据了解，"智慧 N+"悦享团队服务是温州机场地服聚焦旅客关切，在 2023 年打造的服务产品。该服务通过一个区域智慧办理、一键呼叫专员协办、一人协助快速完成，一个需求专柜服务、一地集合舒适等候、一卡在手便捷安检的"六个一"服务，为团体旅客打造便捷的出行方式。该服务从启用至 2024 年 7 月已惠及超过 2000 批次团队旅客，受到广大团队旅客的一致好评。

[①] 赵瑜：《一封来自小朋友的感谢信：温州机场"智慧 N＋"服务助力暑运》，载《中国民航报》，2024-07-17。

想一想▼

这封感谢信背后折射出怎样的服务意识？

二、丰富的业务知识

作为未来的民航从业者，我们需要掌握许多知识。例如，在中国飞往美国的航班上，空乘要掌握中国和美国的国家概况、人文地理、政治、经济等基本知识，要了解航线飞越的国家、城市、河流、山川以及名胜古迹等，还要掌握飞机相关设备的操作、紧急情况的处置、飞行中的服务工作程序以及服务技巧等。

可以说，空乘既要懂天文地理，又要掌握各种服务技巧和服务理念，不但要有怡人的外在美，也要有丰富的内在美。客舱乘务员应具备广博的文化知识和生活常识，具备较强的语言沟通能力，具有丰富的客舱服务知识和娴熟的服务技能，懂得并运用各种服务礼仪，具有强烈的安全意识。

安检专业知识主要包括证件查验、人身检查、行李物品检查、监护以及服务知识等。安检人员必须熟练掌握证件的种类、式样、字体、防伪标志、假证件的识别方法，人身检查的程序、方法，人身藏匿物品的重点部位，开箱／包检查程序、方法，各种物品的基本检查方法，通过 X 光机显示屏观察物品图像特征的方法，隔离区和飞机监护的程序与方法以及各种检查的注意事项，为旅客提供航空旅行服务的常识和技巧，等等。这些都是最重要的专业知识和技能，安检人员只有真正掌握了，才有可能保证安全。

每一名航空人都必须具备丰富的业务知识，这是能很好地为旅客服务的前提。所以，我们在校期间要加强业务知识学习，提高业务工作能力。

三、娴熟的职业技能

民航职业技能鉴定的专业与工种包括：航空运输服务专业的民航售票员、民航客运员、民航货运员、民航乘务员工种，安全检查专业的民航安全检查员工种，航空特种车辆专业的民航特种车辆操作工工种，场务及灯光保障专业的机场场道维修工、机场助航灯光电工工种以及航空油料专业的油料保管员、油料化验员、油料司泵员、飞机加油员、油料计量统计员、油料电气仪表员、油料特种设备修理员工种。

（一）鉴定方式

鉴定分理论知识和操作技能考核，采用闭卷笔试形式，理论知识和操作技能考核时间均为 90 分钟。

（二）鉴定标准

根据中华人民共和国职业技能鉴定规范和鉴定要素细目表提供的标准进行鉴定。

（三）鉴定等级

鉴定等级分为国家职业资格五级（初级）、国家职业资格四级（中级）、国家职业资格三级（高级）、国家职业资格二级（技师）、国家职业资格一级。

（四）鉴定试题

以初级民航客运员技能鉴定为例。

初级民航客运员技能鉴定试题说明：

鉴定方式：

本次考试采取模拟生产方式进行。

本级试题共分四个模块，分别为：值机模块（45%）、业务电报模块（15%）、配载模块（15%）和其他技能模块（25%）。四个模块按上述比例组成一份试卷，考生需在规定的时间内完成四个模块的试题。

鉴定时间：

考试时间为 90 分钟。

所需设备及资料：

班期时刻表、载重表、装机单、平衡图。

考生参加考试可携带以下物品：

蓝色或黑色钢笔或圆珠笔、铅笔、尺子、橡皮、计算器。

任务工单▼

民航服务基本技能任务工单				
项目	了解民航员工应具备的基本素质			
任务	了解业务素质			
负责导师		截止日期		
任务描述	本工单依据民航服务的典型工作任务制定，主要面向民航服务岗位，增进学生对民航员工基本素质之业务素质的了解，理解服务意识的概念要求，掌握服务意识的内涵，了解常见岗位技能鉴定相关知识，为素质提升奠定一定的基础。			
任务目标	目标	掌握业务素质要求。		
	关键成果	1. 能解析服务意识的概念。		
		2. 能快速说出服务意识的内涵。		
		3. 能初步了解常见岗位技能鉴定相关知识。		
任务重点	1. 牢记业务素质要求。 2. 对标岗位技能鉴定标准，提升自我业务素质。			
主要内容	①理解服务意识的概念。	②理解服务意识的内涵。	③对标岗位技能鉴定标准，自我评定业务素质。	
任务难度	□简单	□一般	□偏难	□困难
完成确认	序号	检查事项		组长签字
	1	任务要求是否明确？		
	2	能否准确理解服务意识的概念？		
	3	是否掌握服务意识的内涵？		
	4	能否对标岗位技能鉴定标准进行自我业务素质评定？		
	5	是否达到学习要求？		
注意事项： 1. 请严格按照工单内容要求进行项目实践，不得随意更改流程。 2. 在完成任务后，请进行自检，完成请打√。 <div align="right">教师签字：</div>				

拓展训练▼

作为准民航员工，你应该具备哪些业务知识？

自我评价▼

任务四
了解心理素质

任务描述 ▼

　　某航空公司从上海至深圳的航班发生延误，当时的地面服务人员在没有完全搞清楚延误原因的情况下，告诉旅客该航班是因为对方机场的航班流量控制而延误的。殊不知，有位旅客马上给对方机场有关部门的一位朋友打电话，得知对方机场一切正常。这位旅客大怒，说航空公司不诚信，并问为何不说清楚飞机延误的真正原因。这位旅客一时成了群众"领袖"，代表旅客与航空公司谈判，航空公司的地面服务人员面对此种场面十分尴尬。

　　在上述案例中，依据心理学知识该如何妥善处理？

知识准备 ▼

一、心理素质概述

　　心理素质是人的整体素质的组成部分，是以自然素质为基础，在后天环境、教育、实践活动等因素的影响下逐步发生、发展起来的。心理素质是先天和后天的结合，是情绪内核的外在表现。

　　简单来说，心理素质是以生理素质为基础，在实践活动中通过主体与客体的相互作用，而逐步发挥和形成的心理潜能、能量、特点、品质与行为的综合。根据这个定义，心理素质由如下五个方面组成。

　　第一，心理潜能。现在国内外的一般共识是，每个人生来都具有一定的潜能。现代人本主义心理学家认为，每个人生来都具有优秀的潜能，每个人都急于把自己的潜能发挥出来或得到实现，每个人只要努力都可以充分发挥或实现自己的潜能。潜能并不神秘，它是人的心理素质乃至社会素质赖以形成与发展的前提条件或某种可能性。或者说，正因为人具有一定的潜能，所以才能培养成真正的人才。

第二，心理能量。亦称心理力量或心理能力，也可简称能或力。世界上的万事万物都有一定的能量，即都是有"力"的。人也是如此，人生莫不有力，可称之人力。众所周知，人是一个系统，它是由身体系统与心理系统构成的，而这两个子系统也是有力（能量）的，前者即体力（王国维称为身体之能力），后者即心力（王国维称为精神之能力）。这种心理能量是人的心理素质的体现，其大小、强弱也能够反映出一个人的心理素质高低。

第三，心理特点。特点、特性、属性等是一回事，都是指事物本身所固有的某种东西。人的心理活动总具有自己的特点，可归结为六对：客观性与主观性的统一，受动性与能动性的统一，自然性与社会性的统一，共同性与差别性的统一，质量与数量的统一，时空性与超时空性的统一。人的各种心理现象也具有各自的特点，如感知的直接性与具体性，思维的间接性与概括性，情感的波动性与感染性，意志的目的性与调控性等。心理特点也是心理素质的种种标志。

第四，心理品质。心理品质与心理特点有联系，但二者也有区别，不能混为一谈。它并非心理活动本身所固有，而是后天习得的。品质有两个方面的含义。一是个别差异，即每个人具有不同水平的心理品质。二是培养标准，即要求人们的心理所应当达到的水平。几乎每一种心理现象都具有一定的品质，如记忆的敏捷性、持久性、准确性、备用性，思维的灵活性、深刻性、独立性、批判性，情感的倾向性、多样性、固定性、功效性，意志的自觉性、果断性、坚持性、自制性等。心理品质的优劣最能表现出人的心理素质的高低。

第五，心理行为。无论简单的行为还是复杂的行为，归根结底都受人的心理的支配，都是人的心理的外部表现。因此，从这个意义上说，人的一切行为都可以称为心理行为。这种心理行为是心理素质的标志，通过它可以检验心理素质水平。而且，前述心理素质的四个组成因素如心理潜能、能量、特点、品质等，也都会明显或不明显地在行为上反映出来。可见，心理行为是构成心理素质的一个重要组成部分。

二、情绪控制能力

积极、健康的情绪可使得航空服务人员在工作中事半功倍，而消极、不健康的情绪则会使航空服务人员在工作中事倍功半。所以，学会对自己的情绪进行控制是非常有用的，也是非常必要的。

（一）航空服务人员常见的情绪困扰

由于承担着安全与服务的双重责任，航空服务业已成为职业压力较大的行业。焦虑、冷漠、抑郁、愤怒、恐惧等是航空服务人员常见的情绪问题。

1.焦虑

焦虑是个体对当前或预感到的挫折产生的一种紧张、忧虑、不安而兼有恐惧性的消极情绪状态。它包括自信心的丧失、失败感和内疚感的增强等。焦虑是复合型情绪，其核心成分是恐慌。

焦虑由危险或威胁的预感所诱发。个人在遭遇到利害冲突、灾害、灾难、疾病或竞争时，预感到无力避免、无法应付，威胁、恐惧就可能转化为焦虑。

焦虑者常常表现出精神运动性不安，如来回走动，不由自主地震颤或发抖，还伴有出汗、口干、心悸、呼吸困难、尿急尿频、浑身无力等不适。

焦虑情绪对人的精神生活有严重的影响。焦虑导致自主神经系统高度激活，如其持续和频繁发生，会导致身体全面衰弱、食欲不振、睡眠不良和过度疲劳，恐惧、紧张和无助感加剧，注意力涣散，记忆力减退，思想慌乱，无所适从，容易产生极端念头。有时对恐惧的预期还会导致易怒、易暴躁，焦虑状态严重并且持续时间较长时，还有可能导致神经性焦虑。

焦虑是航空服务人员常见的情绪困扰，产生的原因多源于工作、生活与人际交往方面所遭受到的挫折。例如，发生纠纷事件时，作为与旅客直接接触、面对面服务的航空服务人员（包括空中乘务员和地面服务人员），就处在矛盾最前沿，心理压力特别大，极易引发焦虑情绪。过度的或持久的焦虑会影响航空服务人员的正常心理活动，导致心理疾病，从而严重影响他们的正常生活和工作。

2.冷漠

冷漠是个体在遭受挫折后，对付焦虑的一种防御手段，也是一种消极的情绪状态。它的表现包括缺乏积极的认知动机、活动意向减退、情感淡漠、情绪低落、意志衰退、思维停滞。冷漠是个体对挫折环境的自我逃避式的退缩心理反应，带有一定的自我保护意识或自我防御性质。在生活和工作中遭受挫折并感到无能为力者，往往出现冷漠情绪。由于航空旅客身份的复杂性、民航安全要求的特殊性、民航运输的快捷性与不可控性的矛盾等，航空服务人员不仅要做好细致的旅客服务工作，还要处理各种突发事件。例如，航班延误时，这些人常常处于各种矛盾的焦点。

如果航空服务人员长期处于压抑、委屈甚至创伤的心理状态，得不到及时而有效的疏导和调整，他们的情感得不到满足，冷漠就可能成为他们的保护色。他们对外界的刺激无动于衷，无论面对的是悲欢离合还是爱憎情仇都漠然视之。他们与旅客的心理距离越来越远，对自己的评价也会降低。表面上的冷漠掩盖着的却是他们深层次的痛苦、孤寂、无助和强烈的压抑感。冷漠的初期主要认为生活没有意义，心情平淡，出现抑郁状态，随后发展到强烈的空虚感，内心体验日益贫乏，不愿进行抉择和竞争，缺乏责任感和成就感，最终严重影响到生活与工作。

3.抑郁

抑郁是一种持续的由心境低落、悲伤、消沉、沮丧、不愉快等综合而成的情绪状态，表现为兴趣淡漠、被动消极、悲观绝望，很难全身心投入现实生活之中。

处于抑郁情绪状态而不能解脱的人，在生理方面，往往无缘无故地述说身体不适，头痛、胃痛、头昏、眼睛疲劳等，做事经常感到疲倦，伴有睡眠障碍。此外，食欲不振、体重下降也是常有的情况。在心理方面，则心境低落，常感沮丧、悲观，甚至绝望。感情淡漠，对事物兴趣大减，失去幽默感，自我满足感降低，内心冲突强烈、自责心重，愧疚感和负罪感增强。遇事容易产生挫折感、无价值感，感到生活无意义，甚至想要结束自己的生命。在行为方面，抑郁情绪往往会引起工作效率下降。抑郁者常出现疲乏感，工作时精力不集中，记忆力下降，思维能力不如以前，容易造成工作失误。

此外，抑郁还表现为社交退缩，对生活失去兴趣，对日常生活感到疲倦，尽可能回避与同事相处。有些抑郁者会继续参与一些活动，但不能从活动中体验到乐趣。他们虽然试图摆脱这种状况，但往往无力自拔。

工作责任重、风险大，家庭发生变故，与同事或好友发生纠纷，升职压力，受到批评或处分，恋爱不顺利或失恋等重大生活事件，是航空服务人员产生抑郁情绪的重要因素。航空管制员、机务维修人员因为工作性质缺乏足够的人际交流，易形成孤僻、封闭的性格。航空安检、保卫人员处于维护正义与反对邪恶的风口浪尖，易受负面情绪影响。这样造成有些工作人员精神抑郁、苦闷，晚上失眠，白天工作时则无法集中注意力，甚至导致严重后果。

4.愤怒

愤怒是由于客观事物与人的主观愿望相违背，或愿望无法实现时产生的一种激烈的情绪反应。愤怒发生时，可能导致心跳加快、心律失常、血压升高等躯体性反应，同时使人的自制力减弱甚至丧失，思维受阻、行为冲动，可能会做出让人后悔不已的事情。

5.恐惧

恐惧是因为某些特定事物、特殊环境或人际交往等刺激而产生的一种强烈而紧张的内心情绪体验。航空服务人员往往会在出现异常情况而危及飞行安全时产生恐惧情绪。另外，由于各种原因，个别旅客将愤怒情绪往服务人员身上发泄时，航空服务人员也会产生恐惧情绪。

此外，航空服务人员可能产生的消极情绪还有悲伤、沮丧、自卑等。

（二）航空服务人员不良情绪的调控

情绪的自我调控方法有很多，把握下列几个要点并掌握相关的方法，就能克服不良情绪。

1.承认压力及不良情绪存在的事实

生活中每个人都会感到压力、紧张和不良情绪的存在，这是很正常的，我们完全没有必要逃避这种事实。要知道，只有面对现实，正视现实，自己才能超越现实。承认自己不良情绪的存在，找出产生该情绪的原因，然后想办法调整它、克服它，这才是航空服务人员应有的态度。

2.认知调整转换法

情绪 ABC 理论告诉我们，导致消极情绪的不是事实本身，而是我们对事实的看法，改变看法，就可以改变情绪。在对旅客服务时，不管遇到怎样的旅客、怎样的情况，或者是怎样的麻烦，我们永远都不要抱怨。抱怨除了破坏我们的心情之外，对事情的顺利解决毫无帮助。我们应该想想看，这件事带给我们什么样的经验、教训及警惕，避免下次重蹈覆辙，这就是将"问题"转化为"机会"。

拓展阅读 ▶▶ 情绪 ABC 理论

情绪 ABC 理论由美国心理学家埃利斯创建。他认为激发事件 A（activating event）只是引发情绪和行为后果 C（consequence）的间接原因，而引起 C 的直接原因是个体对激发事件 A 的认知和评价而产生的信念 B（belief），即人的消极情绪和行为障碍结果（C），不是某一激发事件（A）直接引发的，而是由经受这一事件的个体对它不正确的认知和评价所产生的错误信念（B）直接引起。错误信念也称为非理性信念。

埃利斯认为：正是由于常有的一些不合理的信念，我们才产生情绪困扰。这些不合理的信念存在久了，还会引起情绪障碍。

3.学习情绪放松技术

利用放松技术可以使自己从紧张、抑郁、焦虑等不良情绪中解脱出来。我们可以尝试如下两种放松方法。

①肌肉放松法。找到一个放松的姿势，靠在沙发上（椅子上）或躺在床上，尽量减少其他无关刺激，然后按照手臂—头—躯干—腿的顺序，按如下 5 个步骤进行：集中注意力—肌肉紧张—保持紧张—解除紧张—肌肉紧张。让肌肉紧张的做法如下。

手臂紧张：伸出右手，紧握拳，使右臂紧张；伸出左手，紧握拳，使左臂紧张；双臂伸直，两手同时紧握，使双手和双臂紧张。

头部紧张：皱起前额部肌肉；皱起眉头；皱起鼻子和脸颊（可咬紧牙关，使嘴角尽量向两边咧，鼓起两腮）。

躯干紧张：耸起双肩，使肩部肌肉紧张；挺起胸部，使胸部肌肉紧张；拱起背部，使背部肌肉紧张；屏住呼吸，使腹部肌肉紧张。

腿紧张：伸出右腿，右脚向前用力，像在蹬一堵墙，使右腿紧张；伸出左腿，左脚向前用力，像在蹬一堵墙，使左腿紧张。

②想象放松法。通过想象放松自己的身心。最好在安静的环境中进行，仰卧在床上或靠在椅子上，找一个舒适的姿势，闭上眼睛并配合缓慢、均匀的深呼吸，然后通过指导语（默念或播放录音等）放松自己。

4. 掌握心理平衡技术

遇到情绪问题时，可以通过心理平衡技术来调整自己的情绪。现介绍几种自我心理平衡技术。

①自嘲法。生活中当遇到一些尴尬或难堪的场合时，若一味埋怨和逃避往往会使自己的心态越来越坏。不妨调侃一下自己，通过自我贬抑而达到出奇制胜之效果，从而使心理达到一种高层次的平衡。

②遗忘法。现实中不少人终日生活在对往事的痛苦回忆中，反复品尝旧时受到的挫折，陷入恶性循环中，使心理愈加不平衡。因此，必须学会遗忘，这是对痛苦的解脱。遗忘能使身心获得宽慰，从而激发出新的力量，人性得到升华。

③激励法。要走出每日"消沉—后悔"的心理不平衡怪圈，就要给自己确立一个值得去追求的目标。可以先出去找个朋友开怀畅谈一下，踏踏实实做件事，参加一个培训使自己的精力集中起来等，有了成功的经验和自信，再选择一个合适的目标激励自己。

④闲聊法。闲聊对心理调控有很大功效。它可以缓解紧张、消除隔阂、表达温情、避免碰撞、化解怒气、发泄怒火。

⑤哭泣法。要放弃有泪不轻弹的传统信条，让自己随情绪波动而哭泣。哭能使人产生有益的激素，使人体反应更加协调。

⑥移情法。它是宣泄、调节情绪的一种有效方法。

5.寻求支持和帮助

寻求支持和帮助，既可以缓解情绪，又可以获得新的看待问题的视角和思路，走出习惯的思维模式，走出困境，找到新的出路。寻求支持和帮助，既可以找自己的亲人和朋友，也可以找专业心理咨询工作者。

6.养成乐观的思维方式

快乐一方面取决于客观实际，另一方面取决于认知、思维方式。如果觉得不幸福，就会感到不幸；相反，只要心里想着快乐，绝大部分人能如愿以偿。很多时候，快乐并不取决于你是谁，你在哪里，你在干什么，而是取决于你当时的想法。两个人从同一个窗口往外看，一个人看到泥土，另一个人见到的是星星。如果掌握了乐观思维法、光明思维法，人生会更快乐。

小贴士▼

▶ 民航员工时刻提醒自己的九件事

①先处理心情，再处理事情。

②得饶人处且饶人。

③人家怕你不是福。

④用微笑对待身边人。

⑤不要无缘无故仇恨和嫉妒。

⑥宽容他人对你的冒犯。

⑦世上的事不如己意者，那是当然的，梦想靠自己去实现。

⑧用最放松的心态对待困难。

⑨做事要先做人。

三、应变能力

应变能力是指人在外界事物发生改变时所做出的反应，可能是本能的，也可能是经过大量思考后所做出的决策。

应变能力是当代人应当具有的基本能力之一。在当今社会中，我们每个人每天都要面对大量的信息，如何迅速地分析这些信息，是人们把握时代脉搏、跟上时代潮流的关键。它需要我们具有良好的应变能力。

课堂研讨

1.应变能力的表现有哪些？

2.分组研讨，如何应对民航服务中常见的情绪困扰？（选择其中一类问题进行研讨）

（一）应变能力的表现

第一，能在变化中产生应对的创意和策略。

第二，能审时度势，随机应变。

第三，在变动中辨明方向，持之以恒。

（二）应变能力存在差异的原因

我们每个人的应变能力可能不尽相同，造成这种差异的主要原因有两个。一方面可能有先天的因素，如多血质的人比黏液质的人应变能力强些；另一方面可能有后天的因素，如长期从事紧张工作的人比工作安逸的人应变能力强些。应变能力是可以通过某些途径加以培养的。

（三）增强应变能力的途径

应变能力可以通过实践来逐步增强，我们可以从以下两点入手。

1.多参加富有挑战性的活动

在实践活动中，我们必然会遇到各种各样的问题和实际的困难，努力去解决问题和克服困难的过程，就是增强人的应变能力的过程。

2.扩大个人的交往范围

无论家庭、学校还是小团体，都是社会的一个缩影，在这些相对较小的范围内，我们可能会遇到各种需要运用应变能力才能解决的问题。因此，只有首先学会应对各种各样的人，才能推而广之，应付各种复杂环境。只有增强自己在较小范围内的应变能力，才能推而广之，应付更为复杂的社会问题。实际上，扩大自己的交往范围，也是一个不断实践的过程。

（四）加强修养

1.加强自身的修养

应变能力强的人往往能够在复杂的环境中沉着应对，而不是紧张和莽撞行事。在工作、学习和日常生活中，遇事沉着冷静，学会自我检查、自我监督、自我鼓励，有助于培养良好的应变能力。

2.改变习惯

注意改变不良的习惯。假如我们遇事总是迟疑不决、优柔寡断，就要主动地锻炼自己分析问题的能力，迅速做出决策。假如我们总是因循守旧、半途而废，那就要从小事做起，努力控制自己，不达目标不罢休。只要下决心锻炼，人的应变能力就会不断增强。

任务工单▼

民航服务基本技能任务工单				
项目	了解民航员工应具备的基本素质			
任务	了解心理素质			
负责导师		截止日期		
任务描述	本工单依据民航服务的典型工作任务制定，主要面向民航服务岗位，增进学生对民航员工基本素质之心理素质的了解，理解心理素质的概念，掌握心理素质的构成，掌握常见不良情绪调控的方法，为素质提升奠定一定的基础。			
任务目标	目标	掌握心理素质的要求。		
	关键成果	1. 能解析心理素质的概念。		
		2. 能快速说出心理素质的构成。		
		3. 掌握常见不良情绪调控的方法。		
任务重点	1. 牢记心理素质的要求。 2. 能应对不良情绪，自行调控。			
主要内容	①掌握心理素质的概念。	②掌握心理素质的构成。		③能对不良情绪有效调控。
任务难度	□简单	□一般	□偏难	□困难
完成确认	序号	检查事项		组长签字
	1	任务要求是否明确？		
	2	能否准确理解心理素质的概念？		
	3	是否掌握心理素质的构成？		
	4	能否应对常见的不良情绪？		
	5	是否达到学习要求？		
注意事项： 1. 请严格按照工单内容要求进行项目实践，不得随意更改流程。 2. 在完成任务后，请进行自检，完成请打√。 　　　　　　　　　　　　　　　　　　　　　　　　　　　　　教师签字：				

拓展训练▼

　　1.心理素质是由心理潜能、＿＿＿＿＿＿、心理特点、＿＿＿＿＿＿、
＿＿＿＿＿＿组成的。

　　2.冷漠的表现包括缺乏积极的认知动机、＿＿＿＿＿＿、情感淡漠、
＿＿＿＿＿＿＿、意志衰退、＿＿＿＿＿＿。

自我评价▼

任务五
了解身体素质

任务描述▼

随着社会节奏的不断加快，人们面临的问题和压力也越来越多，给各个行业的从业者带来了很多的躯体疾病和心理健康问题。民航员工受自身、行业及社会外界等各方面的影响，工作压力大，健康问题必须得到重视。作为未来的民航员工，我们应如何保持健康的身体状况？

知识准备▼

一、身体素质

（一）民航服务各岗位人员的身体素质要求

因为民航是服务性质的窗口行业，故其对从业人员的健康要求较高。民航服务各岗位人员的健康要求基本一致，只是对空中乘务员和安全员的健康要求比同等条件下的其他人员更高。民航单位对服务人员健康要求如下。

第一，身高：女性 165～172 厘米（净高），男性 175～185 厘米（净高）。

第二，视力：女性矫正视力"C 字表"不低于 0.5，无斜视，无色盲；男性矫正视力"C 字表"不低于 0.7，无斜视，无色盲。

第三，听力：听力良好，无经常性耳鸣。

第四，体重标准：（身高 -110）×（1 ± 10%）。其中身高的单位为厘米，最终计算出的体重的单位为千克。

第五，无口吃、无腋臭、无晕船晕车史。

第六，面部及身体暴露部分无明显瘢痕、胎记、皮疹、体斑、文身及色素异常。

第七，无明显的"O"形和"X"形腿。

第八，无久治不愈的皮肤病，如头癣、湿疹、银屑病、慢性荨麻疹等。

第九，无慢性胃肠道疾病及肺结核。

第十，无肝炎或肝脾肿大，乙型肝炎表面抗原（HbsAg）阴性。

第十一，无肾炎或血尿、蛋白尿。

第十二，无精神病史及癫痫病史。

以空中乘务员为例，民航单位对其健康要求如下。

〔一般条件〕取得Ⅳ级体检合格证应当无下列可能影响其行使执照权利或可能因行使执照权利而加重的疾病或功能障碍。

①心理品质不良。

②先天性或后天获得性功能异常。

③可能造成失能的活动性、隐匿性、急性或慢性疾病。

④创伤、损伤或手术后遗症。

⑤使用处方或非处方药物而造成的身体不良影响或不良反应。

〔精神科〕取得Ⅳ级体检合格证应当无下列精神疾病的明确病史或临床诊断。

①精神病。

②物质依赖或物质滥用。

③人格障碍。

④精神异常或严重的神经症。

〔神经系统〕取得Ⅳ级体检合格证应当无下列神经系统疾病的明确病史或临床诊断。

①癫痫。

②原因不明或难以预防的意识障碍。

③可能影响安全行使执照权利的颅脑损伤及其并发症或其他神经系统疾病。

〔循环系统〕取得Ⅳ级体检合格证应当无下列循环系统疾病的明确病史或临床诊断。

①心肌梗死。

②心绞痛。

③冠心病。

④严重的心律失常。

⑤心脏瓣膜置换。

⑥永久性心脏起搏器植入。

⑦心脏移植。

⑧收缩压持续超过155毫米汞柱（mmHg），或舒张压持续超过95毫米汞柱。

⑨其他可能影响安全行使执照权利的循环系统疾病。

〔呼吸系统〕取得Ⅳ级体检合格证应当无下列呼吸系统疾病或功能障碍。

①活动性肺结核。

②反复发作的自发性气胸。

③胸部纵膈或胸膜的活动性疾病。

④影响高空呼吸功能的胸廓塌陷或胸部手术后遗症。

⑤其他可能影响安全行使执照权利的呼吸系统疾病、创伤或手术后遗症。

〔消化系统〕取得Ⅳ级体检合格证应当无下列消化系统疾病或临床诊断。

①可能导致失能的疝。

②消化性溃疡及其并发症。

③可能导致失能的胆道系统结石。

④其他可能影响安全行使执照权利的消化系统疾病或手术后遗症。

〔传染病〕（1）取得Ⅳ级体检合格证应当无下列传染病或临床诊断。

①病毒性肝炎。

②梅毒。

③获得性免疫缺陷综合征（AIDS）。

④痢疾。

⑤伤寒。

⑥人类免疫缺陷病毒（HIV）阳性。

⑦其他可能影响安全行使执照权利或他人健康的传染性疾病。

（2）取得Ⅳa级体检合格证应当无乙型肝炎表面抗原阳性及其他消化道传染病的病原学检查阳性。

（3）取得Ⅳb级体检合格证应当无乙型肝炎表面抗原阳性伴有乙型肝炎

e 抗原阳性。

〔代谢、免疫及内分泌系统〕取得Ⅳ级体检合格证应当无须用药物控制的糖尿病及其他可能影响安全行使执照权利的代谢、免疫及内分泌系统疾病。但使用不影响安全行使执照权利的口服降血糖药物控制的可合格。

〔血液系统〕取得Ⅳ级体检合格证应当无严重的脾脏肿大或可能影响安全行使执照权利的血液系统疾病。

〔泌尿生殖系统〕取得Ⅳ级体检合格证应当无下列泌尿生殖系统疾病或临床诊断。

①有症状的泌尿系统结石。

②严重的月经失调。

③肾移植。

④其他可能影响安全行使执照权利的泌尿生殖系统疾病、手术后遗症或功能障碍。

〔妊娠〕申请人妊娠期内不合格。

〔骨骼、肌肉系统〕取得Ⅳ级体检合格证应当无影响安全行使执照权利的骨骼、关节、肌肉或肌腱的疾病、损伤、手术后遗症及功能障碍；其身高、臂长、腿长和肌力应当满足行使执照权利的需要。

〔皮肤及其附属器〕取得Ⅳ级体检合格证应当无影响安全行使执照权利的皮肤及其附属器的疾病。

〔耳、鼻、咽、喉及口腔〕取得Ⅳ级体检合格证应当无下列耳、鼻、咽、喉及口腔疾病或功能障碍。

①难以治愈的耳气压功能不良。

②前庭功能障碍。

③言语或发音障碍。

④其他可能影响安全行使执照权利的耳、鼻、咽、喉及口腔疾病或功能障碍。

〔听力〕取得Ⅳ级体检合格证进行低语音耳语听力检查，每耳听力不低于 5 米。

〔眼及其附属器〕取得Ⅳ级体检合格证应当无下列眼及其附属器的疾病或功能障碍。

①视野异常。

②色盲。

③夜盲。

④其他可能影响安全行使执照权利的眼及其附属器的疾病或功能障碍。

〔视力〕（1）取得Ⅳa级体检合格证每眼矫正或未矫正远视力应当达到0.5或以上。如果仅在使用矫正镜（眼镜或接触镜）时才能满足以上规定，在行使执照权利时，应当配戴矫正镜，且备有一副随时可取用的、与所戴矫正镜度数相同的备份矫正镜。

（2）取得Ⅳb级体检合格证每眼未矫正远视力应当达到0.7或以上。

（二）身体健康功能的自我评估[①]

1. 血压

成年人正常血压为收缩压≥90毫米汞柱且＜140毫米汞柱，舒张压≥60毫米汞柱且＜90毫米汞柱。白天略高，晚上略低，冬季略高于夏季。运动、紧张等也会使血压暂时升高。脉压是收缩压与舒张压的差值，正常为30～40毫米汞柱。收缩压达到120～139毫米汞柱或舒张压达到80～89毫米汞柱时，称血压正常高值，应当向医生咨询。

2. 体温

成年人正常腋下体温为36～37摄氏度，早晨略低，下午略高，1天内波动不超过1摄氏度，运动或进食后体温会略微升高。体温高于正常范围称为发热，低于正常范围称为体温过低。

3. 呼吸

成年人安静状态下正常呼吸频率为16～20次/分，老年人略慢；呼吸频率超过24次/分为呼吸过速，见于发热、疼痛、贫血、甲亢及心衰等；呼吸频率低于12次/分为呼吸过缓。

4. 心率

成年人安静状态下正常心率为60～100次/分，超过100次/分为心动过速，低于60次/分为心动过缓，心率的快慢受年龄、性别、运动和情绪等因素的影响。

---

① 摘自《中国公民健康素养——基本知识与技能释义（2024年版）》。

二、军事素养

课堂研讨

根据本任务所学，对照民航员工身体素质标准，小组研讨如何保持健康的体魄。

民航专业的学生实行准军事化管理，特别强调要服从命令听指挥。民航员工要有强烈的集体主义观念和严格的组织纪律性，要招之即来，来之能战，这个特点决定了其员工除应具有一般企业员工应具备的素质外，还应具有更高的素质。学校要从严管理，重细化促养成，对学生实行全程无缝隙管理，积极开展形式多样的活动，让每一个学生都在丰富多彩的形式中主动接受教育，在生动活泼的氛围中全面发展。学校时刻以军队的纪律规范学生，以军人的精神影响学生，以军营的作风感染学生；坚持思想教育与严格管理相结合，学校教育和家庭教育相结合，理论教育与生活教育相结合；坚持以人为本，以德育人；通过以训促管、以管促教、以教促学的形式，全校齐心协力，建立严格统一的管理机制、高效的运行机制、积极的激励机制，切实提高学生素质。

拓展阅读 ▶▶

我国某航空股份有限公司的分公司完成了对 21 名初任安全员为期一周的岗前强化培训。这次培训旨在增强初任安全员的纪律作风意识，提高每位即将入职的安全员对敌斗争的警惕性，树立保卫旅客生命财产安全的责任感和使命感。

为了保证培训效果，该航空公司保卫部完善培训流程，选用素质过硬、业务技能精湛的骨干承担培训任务。培训内容包括思想政治教育、军事队列训练、擒敌技能、航空安全法规及典型航空安保案例的教学分析、航空安全保卫形势及境内外分裂势力的敌对暴力恐怖活动的发展特点等。

在培训过程中，教员们通过对安全员工作流程的细致讲解，并结合机上实际情况与乘务员工作职责，融入自身飞行中的经验讲解案例，以加深新员工对安全员工作的理解。

培训结束前，21 名初任安全员以高超的擒敌技能和整齐的队列操演示，为该航空公司各部门参观领导奉献了一场精彩的汇报表演。

通过培训，初任安全员们对工作性质有了清楚的认识，在掌握业务理论知识的同时树立了较强的纪律作风意识，达到了航空公司保卫部对新入职安全员上岗前的各项要求，为今后的工作打下了良好的基础。

任务工单▼

民航服务基本技能任务工单				
项目	了解民航员工应具备的基本素质			
任务	了解身体素质			
负责导师		截止日期		
任务描述	本工单依据民航服务的典型工作任务制定，主要面向民航服务岗位，增进学生对民航员工基本素质之身体素质的了解，了解民航单位对服务人员健康基本要求，能进行身体健康功能的自我评估监测，为素质提升奠定一定的基础。			
任务目标	目标	掌握身体素质要求。		
	关键成果	1. 能说出身体素质自我评估数据。		
		2. 能进行身体健康素质的自我监测。		
		3. 能对标提升自我身体素质。		
任务重点	1. 牢记身体素质要求。 2. 对照身体健康标准，提升自我身体素质。			
主要内容	①掌握身体素质自我评估数据。		②对照身体健康标准，提升自我身体素质。	
任务难度	□简单	□一般	□偏难	□困难
完成确认	序号	检查事项		组长签字
	1	任务要求是否明确？		
	2	能否准确说出身体素质自我评估相关数据？		
	3	能否对照身体健康标准进行自我身体素质评估？		
	4	是否达到学习要求？		
注意事项： 1. 请严格按照工单内容要求进行项目实践，不得随意更改流程。 2. 在完成任务后，请进行自检，完成请打√。 <div align="right">教师签字：</div>				

拓展训练▼

　　请进行身体健康自我评估。

自我评价▼

学习服务用语

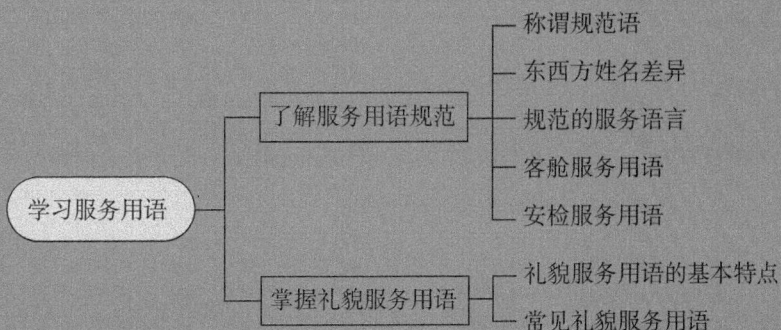

核心目标

>>> 职业能力

1. 了解民航对客服务过程中的基本服务用语。

2. 掌握民航对客服务过程中的沟通技巧。

3. 熟练掌握沟通交流技巧。

>>> 职业素养

1. 提高个人在人际沟通过程中的语言温度。

2. 提升民航对客服务沟通过程中的效能。

```
                                    ┌─ 称谓规范语
                                    ├─ 东西方姓名差异
                        ┌─ 了解服务用语规范 ├─ 规范的服务语言
                        │                   ├─ 客舱服务用语
            学习服务用语 ┤                   └─ 安检服务用语
                        │
                        └─ 掌握礼貌服务用语 ┌─ 礼貌服务用语的基本特点
                                          └─ 常见礼貌服务用语
```

任务一
了解服务用语规范

任务描述▼

请用不同的感情，朗读下面这句话。

【开心热情】您好，欢迎登机。我是本次航班的乘务员，很开心为您服务。

【无精打采】您好，欢迎登机。我是本次航班的乘务员，很开心为您服务。

听到别人用不同的感情朗读上面这句话的时候，你最大的感受是什么？请将你的感受总结成一句话，然后用一分钟进行小组交流。

知识准备▼

在民航服务过程中，语言的运用既体现服务人员个人的水准，又代表着航空公司的精神面貌，甚至影响着整个中国民航业的发展前景。可以说语言交际的成败，直接影响着民航服务的成败。

一、称谓规范语

我国古代把称谓看得十分郑重，对不同身份的人的称谓有严格的规定，社会成员必须了解并遵守，一旦违反，不仅是失礼、丢面子的事，还可能落下"不敬"的罪名。随着时代的发展，虽然一些规定已被逐步淘汰，但与时俱进的社会人际交往规范是必须尊重、遵守和运用的。

（一）尊称

称呼是代表人身的符号，在称呼上对人表示尊敬，也就是对人身的尊敬。尊称通常有以下几种情况。

对德高望重者，可冠以"先生""前辈""老师"等称呼。

称呼对方时附加"贤""尊""高"等，是对他人的尊重。

当对方有行政职位时，应该以其职位相称。

（二）谦称

对己谦称即自谦的表现，同时也是对他人的尊敬。

二、东西方姓名差异

外国人姓名与我国有很大差异。姓名中，字词的含义、姓名的组成、排列顺序都有不同。在同外国人交往时，必须注意。如果出现差错，就会闹笑话或引起误会，甚至引起对方的不满和反感。由于各国、各民族文字不同，各国人的姓名也不同，因此，民航服务人员了解、掌握东西方姓名差异相关知识是有必要的。

（一）姓前名后

我国姓名一般采用姓前名后的构成方式，很多亚洲国家，如日本、朝鲜、柬埔寨、越南等国也是采用这种姓名构成方式。日本人书写姓名时常把姓与名分开写，姓在前，名在后，如田中角荣、二阶堂进等，日常称呼只称其姓，在姓后再加上"君"，表示尊敬，正式场合和社交中则用全名。

（二）先名后姓

欧洲、美洲、中东和亚洲的印度、泰国、菲律宾、老挝等均属此类。英美人姓排列于最后，名往往不止一个，而是两个或更多，如爱德华·亚当斯·戴维斯，爱德华是教名，亚当斯是本名，戴维斯是姓。女士结婚前都有自己的姓和名，结婚后则用自己的名加丈夫的姓，书写时通常把名字缩写成一个字母，姓则不缩写。英国人习惯全缩写名字，美国人只缩写中间的名字。法国人的姓名一般由二节、三节组成，多的可能有五节。这么多节都是教名或长辈起的名，最后一节是姓，名字中还常有 Le、La 等冠词和 de 等介词。西班牙人的名字一般有三节到四节，第一、第二节为本人名字，倒数第二节为父姓，最后为母姓，简称时用第一节加父姓。葡萄牙人的姓名与西班牙人相似，只是倒数第二节是母姓，最后是父姓，简称时称个人名和父姓。俄罗斯人、阿拉伯人姓名顺序一般第一节为自己名，接着是父名，有时还加祖父名，最后是姓。

课堂研讨

1. 请列举工作中常用的尊称。

2. 请简述称谓的禁忌。

在西方等国，口头称呼一般称姓，朋友之间称名字，家庭成员之间还有爱称，正式场合（如办理手续）应用全称。一般情况下的口头称呼用简称，姓加先生（或夫人、女士等），直呼其名是失礼的。如果你没听清对方的名字，不妨直接请教，没有把握时要详细请教拼读，叫错人名或写错人名是很失礼的。

（三）有名无姓

这类姓名在世界上为数很少，以缅甸和印度尼西亚的爪哇族为主。缅甸人有名无姓，但常在名前冠以表示性别、长幼、社会地位等的字、词。爪哇族的名字有的有三节之多，但前一节或前二节是最后名字的说明，如苏山多·宾·阿卜杜，其意是苏山多是阿卜杜的儿子。

称呼男性外宾一般可用先生或名字加先生，称呼女子可用夫人（已婚）、小姐（未婚或不知婚否者）、女士。知道名字者最好冠以名字，这样能给客人以亲切感。

对地位高的政府官员可称阁下（一般为国家部长级以上官员），一般用官职加阁下即可，但美国、德国、墨西哥等国习惯一律称先生；君主制国家，对国王、王后称陛下，亲王、王子、公主称殿下；对有爵位的人可称爵位，亦可称阁下或先生。

一些专业职称可作为从事这种职业的人的称呼，如医生、教授、法官、律师等。学衔也可作称呼，如博士。军职人员一般称军衔。

三、规范的服务语言

规范的服务语言：语言要亲切、甜美、有礼貌。

（一）服务用语规范

①做到"请"字当头。

②用委婉的语言表达否定的意思，如"对不起"。

③旅客来时有欢迎声，旅客走时有送别声。

④熟练运用"十一字"用语。

⑤严禁在旅客面前讲服务忌语，包括工作人员之间的对话，严禁与旅客争辩。

（二）礼貌用语的使用原则

1. 遵守目的性原则

在人际交往中使用语言是为了实现一定的交际目的。这种目的大致上有下述几项：一是传递信息，表达感情；二是引起注意，唤起兴趣；三是取得信任，增进了解；四是进行鼓励；五是予以说明，加以劝告。在生活、工作中运用礼貌用语时，我们必须目的明确，头脑清醒，言随心意，力戒胡言乱语、信口开河。

2. 遵守对象性原则

语言存在特定的对象。语言的实际效果不仅取决于如何运用，而且取决于能否为对方所理解和接受。因此礼貌用语务必区分对象，因人而异，切忌呆板不变、千篇一律。

3. 遵守诚实性原则

语言的运用以诚为本，以实为要，以真为先。诚实性原则要求在运用礼貌用语时要努力做到：一是在语言的具体内容上，一定要力求"真、善、美"，要说真话，讲实话，千万不可虚情假意，欺骗愚弄他人；二是在语言的表达形式上，要力求表里如一，力戒徒有其表，搞形式主义、花架子。

4. 遵守适应性原则

礼貌用语的运用，通常都有其特定的环境和具体场景。遵守适应性原则，就是要求运用礼貌用语时切记语随境迁，一定要兼顾和适应当时的具体语言环境和交往双方的情绪变化。

（三）用词文雅

在与他人交谈时，尤其是正式交谈时，用语要力求谦恭、高雅、脱俗。在注意切实致用、避免咬文嚼字的前提下，可有意识地采用一些文雅的词语。例如，在正式场合欢迎他人的到来时，使用雅语说"欢迎光临"，显然比说"您来了"要郑重得多。而对一位有文化的老人使用雅语"敬请赐教"，自然也比直言"有什么意见请提"更为中听。在现代社会，我们应对中国传统的约定俗成的文明用语熟记多用。例如：

初次见面说"久仰"，看望别人用"拜访"。

请人勿送说"留步"，请人帮忙说"劳驾"。

求给方便说"借光"，归还原物叫"奉还"。

盼人指点用"赐教"，请人指导说"请教"。

赞美见解用"高见"，赠送作品用"斧正"。

等候客人用"恭候"，客人到来用"光临"。

欢迎购买称"光顾"，求人原谅说"包涵"。

麻烦别人说"打扰"，表示感激用"多谢"。

托人办事用"拜托"，赠送礼品用"笑纳"。

求人解答用"请问"，与人道别用"告辞"。

好久不见说"久违"，请人休息为"节劳"。

对方不适说"欠安"，参加吊唁用"节哀"。

对方来信称"惠书"，赠人书画题"惠存"。

尊称老师为"恩师"，称人学生为"高足"。

老人年龄说"高寿"，女士年龄称"芳龄"。

这段"顺口溜"说明我们平时需使用礼貌用语的场合很多，处处都能体现文明礼貌。

四、客舱服务用语

（一）文明礼貌"十一字"

"请"字要当先，"您"字放在前，迎客讲"您好"，送客讲"再见"，"谢谢"经常用，失礼要道"对不起"。

（二）客舱服务用语

请问，您需要毛毯吗？

请问，您需要喝点儿什么饮料吗？

还需要增加一些吗？

您需要用餐吗？我们现在准备为您提供正餐／小吃／点心。

如果您现在暂时不需要用餐，我们将在您需要时提供，到时请您按呼唤铃，我们将随时为您服务。

我还能为（帮）您做点什么吗？

（请稍等）我会尽力为您解决。

五、安检服务用语

（一）验证岗位

您好，请出示您的身份证（或相关有效乘机证件）和登机牌。

请收好您的证件和登机牌，请往里走，谢谢。

对不起，您的证件与要求不符，我得请示，请稍等。

谢谢合作，祝您旅途愉快。

（二）维持秩序岗位

请将您的行李依次放在传送带上，请往里走（配以手势）。

请您在安全门外等候。

请各位旅客按次序排好队，准备好身份证件和登机牌，准备接受安全检查。

请您取出电脑、雨伞、充电宝放入置物框内。

请将口袋内的金属物品取出，请脱下外套，谢谢。

（三）人身检查岗位

您好，请通过安全门，请接受人身检查。

请解开衣扣，抬起双臂，请转身。

请问这是什么东西？您能打开给我看看吗？

检查完毕，谢谢合作，请收好您的随身物品。

请将您身上的香烟、钥匙、打火机等放入盘内。

谢谢合作，祝您一路平安。

您好，请接受开箱（包）检查。

不好意思，请您打开这个包。

不好意思，这是违禁品，按规定不能带上飞机，请将您的登机牌与有效身份证件给我，给您办理手续。

对不起，刀具不能随身带上飞机，您可以交给送行人带回或放进手提包内办理托运。

任务工单▼

民航服务基本技能任务工单			
项目	学习服务用语		
任务	了解服务用语规范		
负责导师		截止日期	
任务描述	本工单依据民航服务的典型工作任务制定，主要面向民航服务岗位，提升学生对语言知识了解程度和语言艺术水平。		
任务目标	目标	掌握在对客服务过程中如何进行规范称呼。	
	关键成果	1. 了解称谓规范语。	
		2. 能独立判断东西方姓名差异。	
任务重点	1. 能够使用称谓规范语进行对客服务。 2. 能够识别中英文姓名的差异。		
主要内容	①口述工作中常见的称谓规范语。	②小组协作进行值机阶段对客服务情景模拟。	③能准确判断东西方姓名差异。	④能识别中英文环境中姓名的差异。
任务难度	□简单	□一般	□偏难	□困难
完成确认	序号	检查事项	组长签字
	1	任务要求是否明确？	
	2	服务用语是否规范？	
	3	对客服务过程中表达是否得当？	
	4	语言表达过程中是否声情并茂？	
	5	任务完成期间是否注意语言规范？	
注意事项： 1. 请严格按照工单内容要求进行项目实践，不得随意更改流程。 2. 在完成任务后，请进行自检，完成请打√。 教师签字：			

拓展训练▼

　　请按照本任务教授的知识要点，撰写旅客登机后乘务员广播词，要求措辞得当，合理地运用服务用语。

自我评价▼

任务二
掌握礼貌服务用语

任务描述▼

礼貌用语是民航服务人员向旅客表示意愿、交流思想情感和沟通信息的重要交际工具，是一种对旅客表示友好和尊敬的语言。在服务过程中，它具有体现礼貌和提供服务的双重特性，是民航服务人员完成工作的重要手段。

知识准备▼

一、礼貌服务用语的基本特点

（一）言辞的礼貌性

言辞的礼貌性主要表现在人际交往中敬语的使用上。敬语包含尊敬语、谦让语和雅语三方面的内容。

尊敬语是说话者直接表示自己对听话者尊敬、恭敬的语言。尊敬语的最大特点是彬彬有礼、热情庄重。例如：与对方交流时，以"请"字开头，"谢谢"收尾，"对不起"常挂在嘴边；常用"您"称呼身份、地位较高的人等；另外"对不起，让您久等了""劳驾……""请问……"等也是常用的尊敬语。

尊敬语常用的场合包括：比较正规的社交场合，与师长或身份、地位较高的人交谈，与初次打交道或会见不太熟悉的人，会议、谈判等公务场合，接待场合。

谦让语是说话者通过自谦从而表示对听话者敬意的语言。自谦体现着一种精神，它以敬人为先导，以退让为前提，是一种典型的以礼待人的人际沟通方式。

雅语是指将一些不便直言的事用一种比较委婉、含蓄的方式表达。例如，在接待宾客时，用"几位"代替"几个人"，用"哪一位"代替"谁"，用"贵姓"代替"你姓什么"，用"我去方便一下"代替"我去上厕所"，用"这件衣服不太适合您"代替"您穿这件衣服很难看"，用"发福"代替"发胖"，等等。雅语的使用不是机械的、固定的，需要根据不同场合、不同人物、不同时间灵活运用。

（二）语言的风趣性

在日常交往中，生动幽默的语言能够起到活跃气氛、融洽感情、消除隔阂、增进沟通的作用。必要时，还能消除尴尬局面。

在民航服务礼仪中，工作人员在接待旅客时，语言不能呆板，不要机械地回答，这样容易使旅客感觉工作人员不热情、业务不熟悉、责任心不强。

（三）表达的灵活性

人际交往中，针对不同的对象、不同性别和年龄、不同场合，灵活地掌握不同的用语，有利于沟通和理解，从而使矛盾得到缓解或避免矛盾的产生。

二、常见礼貌服务用语

（一）基本礼貌服务用语

基本礼貌服务用语分为：欢迎语、问候语、告别语、称呼语、祝贺语、道歉语、道谢语、应答语、征询语。

欢迎语：欢迎您来 ×× 机场、欢迎光临。

问候语：早安、午安、早上好、下午好、晚上好、路上辛苦了。

告别语：再见，祝您旅途愉快；祝您一路平安。

称呼语：这位先生、这位女士、阿姨。

祝贺语：恭喜、祝您节日快乐、祝您新年快乐。

道歉语：对不起、请原谅、打扰您了、失礼了。

道谢语：谢谢、非常感谢。

应答语：是的、好的、我明白了、不用客气、没关系、这是我应该做的。

征询语：请问您有什么事吗？（我能为您做什么吗？）需要我帮您做什么吗？您还有别的事吗？您喜欢（需要、能够……）？请您……好吗？

常用礼貌用语：请、您、谢谢、对不起、再见、请原谅、没关系、不要紧、别客气、您早、您好。

（二）使用礼貌服务用语的注意事项

课堂研讨
礼貌用语的基本特点有哪些？

声音柔和，用词准确，简练清楚；面带微笑，态度和蔼可亲，注意语言与表情一致，不左顾右盼；垂直恭立，距离适当，注视脸部三角区；答应旅客的事力争办到，不能回答时应先请示，不能随意允诺。

任务工单▼

民航服务基本技能任务工单				
项目	学习服务用语			
工作	掌握礼貌服务用语			
负责导师			截止日期	
任务描述	本工单依据民航服务的典型工作任务制定，主要面向民航服务岗位，使学生掌握对客服务过程中的语言运用技巧。			
任务目标	目标	掌握在对客服务过程中如何运用常见礼貌用语。		
	关键成果	1. 了解礼貌用语的基本特点。		
		2. 能独立运用常见礼貌服务用语。		
任务重点	1. 掌握常见礼貌用语的特点和使用情境。 2. 在对客服务的过程中能正确使用礼貌用语。			
主要内容	①口述民航对客服务常用礼貌用语。	②独立表述对客服务过程中，与旅客初次见面的服务话术。	③识别案例情境中不规范的表述。	
任务难度	□简单	□一般	□偏难	□困难
完成确认	序号	检查事项		组长签字
	1	任务要求是否明确？		
	2	礼貌服务用语是否规范？		
	3	对客沟通过程中表达是否礼貌？		
	4	语言表达过程中是否声情并茂？		
	5	任务完成期间是否注意使用礼貌服务用语？		

注意事项：
1. 请严格按照工单内容要求进行项目实践，不得随意更改流程。
2. 在完成任务后，请进行自检，完成请打√。

教师签字：

拓展训练 ▼

　　请按照本任务教授的知识要点，以小组为单位模拟礼貌服务用语应用情景，要求措辞得当，合理地运用服务用语。

　　模拟情景：由于空中交通管制，航班延误超过 30 分钟，旅客出现抱怨情绪，作为乘务员，你如何处理？

自我评价 ▼

项目四

学习民航服务礼仪

核心目标

>>> 职业能力

1. 了解民航对客服务过程中的基本礼仪知识。

2. 掌握民航对客服务过程中的礼仪呈现技巧。

3. 掌握行为礼仪规范。

4. 熟练使用修饰方法完成个人形象塑造。

>>> 职业素养

1. 提升感知美、理解美、创造美的个人美商素养。

2. 提升民航对客服务过程中的个人修养和职业情操。

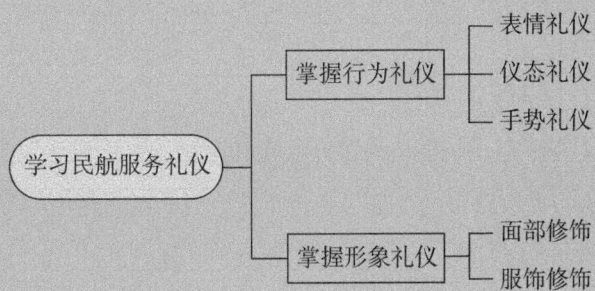

学习民航服务礼仪
- 掌握行为礼仪
  - 表情礼仪
  - 仪态礼仪
  - 手势礼仪
- 掌握形象礼仪
  - 面部修饰
  - 服饰修饰

任务一
掌握行为礼仪

任务描述 ▼

作为一名民航从业人员，在工作岗位上，你可以通过哪些行为展示个人良好的工作状态呢？在任务一中，你将学会如何通过运用表情、仪态、手势，展现自己对客服务过程中的良好状态，提升民航服务品质。

学完任务一后，你应当掌握如何通过阳光的微笑、良好的仪态、规范的手势来向旅客展示积极的服务形象。

知识准备 ▼

一、表情礼仪

（一）表情礼仪的基本原则

在民航对客服务中，眼神礼和微笑礼是我们使用最频繁的表情礼仪，它们遵循以下原则。

1. 敬人的原则

在民航对客服务中，要常存敬人之心，不可伤害他人尊严，更不能侮辱对方人格。

2. 宽容的原则

在民航对客服务中，运用表情礼仪时，既要严于律己，又要宽以待人。

3. 适度的原则

应用表情礼仪时要注意做到把握分寸，区分场合与情景，做到得体。

4. 真诚的原则

在民航对客服务中，运用表情礼仪务必内心真诚、言行一致、表里如一。

这样的表情才是发自内心的自然流露。

5. 从俗的原则

由于国情、民族、文化背景不同，因此必须坚持入乡随俗，与绝大多数人的习惯做法保持一致，切勿目中无人、自以为是。

6. 平等的原则

这是运用表情礼仪的核心，即尊重交往对象、以礼相待，对任何交往对象都必须一视同仁，给予同等程度的礼遇。

（二）微笑礼仪

1. 微笑的四个步骤

①嘴角微微上翘，微露牙齿。

②提升颧肌、眼中含笑、亲切自然。

③心含笑意、表里如一。

④伴随后续的动作和语言，避免僵笑。

2. 微笑的"四个准则"

一要表现和谐。笑的时候，眉毛、眼神、嘴巴、牙齿和面部肌肉应协调，表现出亲切、大方的和谐美。

二要神情结合，显出气质。笑的时候要精神饱满、神采奕奕、亲切甜美。

三要声情并茂。笑的时候，应注意将笑容与美好的举止、谈吐相结合，使其相得益彰。

四要发自内心。笑的时候，必须真诚自然、表里如一，切忌强颜欢笑、假意奉承、放肆大笑或者假笑、冷笑、怪笑、傻笑、媚笑、窃笑、怯笑、狞笑。

3. 微笑的"四不要"

一不要缺乏诚意、强装笑脸；

二不要露出笑容随即收起；

三不要仅为情绪左右而笑；

四不要把微笑只留给上级、朋友等少数人。

4. 微笑礼仪的禁忌

①忌嬉皮笑脸或皮笑肉不笑（假笑）。

②忌夸张性大笑。

③忌不分场合（别人焦急或悲伤痛苦时、庄重场合、别人有生理缺陷时等）的笑。

④忌公众场合放声大笑，破坏气氛，显得缺乏教养。

⑤忌长时间发笑。

（三）眼神礼

"存乎人者，莫良于眸子。眸子不能掩其恶。胸中正，则眸子了焉；胸中不正，则眸子眊焉。"（《孟子》）眼睛是心灵的窗口。人心中所思，会通过眼睛传达出来。眼睛是很难掩盖人内心的真实想法的。如果心正，则眼睛清澈明亮；如果心不正，则眼睛浑浊昏暗。正确地运用目光，能恰当地表现出内心的情感。因此，只有把握好自己的内心感情，眼神礼才会很好地发挥作用。

1. 眼神注视的方式

与人交谈时，眼睛应该注视着对方。但应使目光局限于上至对方额头，下至对方衬衣的第二粒纽扣，左右以两肩为准的方框中。在这个方框中，一般有三种注视方式。

①商务凝视：观额头至双眼。一般用于洽谈、磋商等场合，注视的位置在对方的双眼与额头之间的三角区域。

②社交凝视：观双眼至下巴。一般在社交场合，如聚会、酒会上使用。注视的位置在对方的双眼与下巴之间的三角区域。

③亲密凝视：观双眼至胸部。一般在亲人之间、恋人之间、家庭成员等亲近人员之间使用，注视的位置在对方的双眼和胸部之间。

另外，根据两人距离的远近，眼神注视也分为远观全身，中观轮廓，近观三角区域。

当与人说话时，目光要集中注视对方；听人说话时，要看着对方眼睛，这是一种既讲礼貌又不易疲劳的方法。如果表示对谈话感兴趣，就要用柔和友善的目光正视对方的眼区；如果想要中断与对方的谈话，可以有意识地将目光稍稍转向他处。在社交中，尽量不要将两眼视线直射对方眼睛，因为对方除了会以为你在窥视他心中的隐秘，还会认为在向他表示不信任、审视和抗议。但在谈判和辩论时，就不要轻易移开目光，直到逼对方将目光转移。

当对方说了错误的话正在拘谨害羞时，不要马上转移自己的视线，而要用亲切、柔和、理解的目光继续看着对方，否则对方会误认为你高傲，在讽刺和嘲笑他。谈兴正浓时，切勿东张西望或看表，否则对方会以为你听得不耐烦，这是一种失礼的表现。

2. 眼神注视的角度

①平视。

平视，即视线成水平状态，也叫正视。一般适用于在普通场合与身份、地位平等之人进行交往。

②仰视。

仰视，即主动居于低处，抬眼向上注视他人。它表示尊重、敬畏之意，适用于面对尊长之时。

③俯视。

俯视，即眼向下注视他人，一般用于身居高处之时。它可对晚辈表示宽容、怜爱，也可对他人表示轻慢、歧视。

3. 眼神注视的时长

通常情况下，在整个交谈过程中，与对方目光接触应该累计达到全部交谈过程的 50%～70%，其余 30%～50% 时间，可注视对方脸部以外 5～10 米处，这样比较自然、有礼貌。每次看别人的眼睛 3～5 秒，让对方感觉更自然。

如果一个人在交谈中很少关注你，而且注视你的时间不超过整个相处时间的 30%，说明这个人可能不在乎这次交谈。

如果一个领导或者长辈与下属或者晚辈见面时，多一些目光接触，这对他鼓励会很大。

4. 眼神注视的场合

交流过程中，双方要不断地用目光表达自己的意愿、情感，还要适当观察对方的目光，探测"虚实"。交流结束时，也要用目光做一个圆满的结尾。在各种礼仪形式中，目光都有重要的作用，目光运用得如何，直接影响眼神礼的质量。不同场合与不同情况，应运用不同的眼神礼。

①见面时。

不论是熟悉的人还是初次见面的人，不论是偶然见面还是约定见面，首先要睁大眼睛，以炯炯有神的目光正视对方片刻，面带微笑，显示出喜悦、热情的心情。对初次见面的人，还应微微点头，行一注目礼，表示出尊敬和礼貌。

在集体场合，开始发言时，要用目光扫视全场，表示"我要开始讲了，请予注意"。

②与人交谈时。

应当不断地通过目光与对方交流，调整交谈的气氛。交谈中，应保持目光的接触，这表示对话题很感兴趣。长时间回避对方目光而左顾右盼，是不感兴趣的表现。但应当注意，交流中的注视，绝不是把瞳孔的焦距收束，紧紧盯住对方的眼睛，这种逼视的目光是失礼的，也会使对方感到尴尬。交谈时目光应当自始至终都在注视，但注视并非紧盯。瞳孔的焦距要呈散射状态，用目光笼罩对方的面部，同时应当辅以真挚、热诚的面部表情。交谈中，随着话题、内容的变换，作出及时恰当的反应。或喜或惊，或微笑或沉思，用目光流露出会意的万千情意，使整个交谈融洽、和谐、生动、有趣。

③交谈和会见结束时。

目光要抬起，表示谈话的结束。道别时，仍用目光注视着对方的眼睛，面部表现出惜别的深情。

5.眼神注视的禁忌

①忌羞怯飘忽。

②忌无表情眼神。

③忌注视时间过短或过长。

④忌上下打量。

⑤多人交流，忌只看一人。

6.眼神感知的应用

在掌握并正确运用眼神礼的同时，还应当学会"阅读"对方眼神的方法。从对方的目光变化中，分析他的内心活动和意向。

随着交谈内容的变化，眼神和表情和谐统一，表示很感兴趣，思想专注，谈兴正浓。对方的眼神长时间地中止接触，或游移不定，表示他对交谈不感兴趣，交谈应当尽快结束。交谈中，眼神乜斜，表示鄙夷；眼神紧盯，表示疑虑；偷眼相觑，表示窘迫；瞪大眼睛，表示吃惊。

眼神是千变万化的，都是内心情感的流露。学会阅读和分析眼神，对社交活动的进行有着重要意义。

二、仪态礼仪

（一）站姿

标准的站姿，从正面观看，全身笔直，精神饱满，两眼正视，两肩平齐，两臂自然下垂，两脚跟并拢，两脚尖微微张开，身体重心落于两腿正中；从侧面看，两眼平视，下颌微收，挺胸收腹，腰背挺直，双手中指贴裤缝，整个身体庄重挺拔。好的站姿，不只是为了美观，对健康也非常重要。站姿是一个人站立的姿势，它是人们平时所采用的一种静态的身体造型，同时又是动态的身体造型的基础和起点，最易表现人的姿势特征。在交际中，站姿是每个人全部仪态的核心。

1.站姿的基本要领

头正肩平背挺直，

脚绷膝并臀收紧，

臂直指收垂体侧。

双目平视，颈部挺直，下颌微收，面容平和自然；双肩舒展、放平，自然放松，稍向后下方下沉；双臂放松，自然垂于身体两侧，手指并拢、自然弯曲；后背挺直，胸部舒展、自然上挺；腰部挺直，腹部微收，保持自然呼吸；臀部肌肉向内、向上收紧；双腿挺直，双膝紧贴，腿部肌肉向内收紧，身体重心置于双腿之间。

（1）女士站姿规范。

①原立式站姿。

也称为基本式站姿，其要求参照站姿的基本要领。

②前腹式站姿。

两腿站直、肌肉略有收缩感，双脚成 V 字步或丁字步；上身正直、头正目平、腰直肩平，双臂自然下垂、挺胸收腹；双手虎口相交叠放于肚脐下三指处，手指放直，不要外翘；下颌微收，面带微笑。

③丁字步站姿。

双手交叉轻握于腰际，手指自然弯曲，双腿并拢，膝盖紧贴，双脚站成小丁字步，即一脚的脚跟紧靠着另一脚的脚弓，脚尖分开约 60 度。

④V字步站姿。

双手交叉置于体侧或握于腹前，双腿和脚跟并拢，脚尖分开约60度，站成小V字步。

（2）男士站姿规范。

①原立式站姿。

也称为基本式站姿，其要求参照站姿的基本要领。

②前腹式分腿式站姿。

双手交叉握于腹前，右手握住左手，两腿自然分开，两脚距离约半步（20厘米左右），身体重心落于两脚之间，脚部疲惫时可让重心在两脚上轮换。

③后背式分腿式站姿。

双手交叉置于背后，右手自然贴于背部并握住左手腕，两腿自然分开，两脚距离不超过肩宽，两脚尖分开约60度。

2.站姿礼仪禁忌

①站立时，切忌东倒西歪、无精打采、懒散地倚靠在墙上、桌子上。

②不要低着头、歪着脖子、含胸、溜肩驼背。

③不要将身体的重心明显地移到一侧，更不要只用一条腿支撑着身体。

④不要下意识地做小动作，如腿不由自主地抖动，用手摆弄头发、眼镜、笔等。

⑤在正式场合，不要将手插在口袋里面，切忌双手交叉抱在胸前或是双手叉腰。

⑥男子双脚左右开立时，注意双脚之间距离不可过大，双脚之间分开不超过肩宽。站立时注意不要一站三道弯，即不要挺腹翘臀；女士站立时尤其要注意不要让臀部撅起。

3.不同站姿的心理学含义

站立是人的一种本能，每个人都有自己习惯的站姿，不同的站姿往往能体现出一个人的性格。

请同学们感受这几种站姿背后个人的性格特征和心理活动。

（1）双手插口袋。

很多男性站立或走路的时候，习惯性地将双手插在口袋里面，这是一个很随意的动作。从心理学角度分析，双手插口袋是一种隐藏手掌的行为。把自己的手掌对着别人代表着友好和服从，而隐藏自己的手掌则表明这个人不会轻易在人前表露自己内心的情绪，性格趋于保守，警觉性高。当然单凭这一点是不能看出人的性格的，还要结合他的言谈等各方面综合分析。

（2）双臂交叉抱于胸前。

站立时双臂交叉抱于胸前，好像在无形中筑了一道墙壁，把不喜欢的人或物通通挡在外边。这一姿势传递出的信息有防御、消极或者否定。在餐厅等公共场所，我们经常能看到这样一幕，双手不知道往哪儿放，下意识地双臂交叉抱于胸前。它给人的印象非常不友好，很容易影响气氛。

当你与人交谈时，发现对方摆出了双臂交叉的姿势。你应该立即思考自己刚刚所说的话，是否冒犯到了对方。语言或许有隐蔽性，而肢体语言往往能暴露一个人内心的真实想法。

（3）双手背在身后。

双手背在身后，这一动作反映的性格特征是尊重权威，富有责任感，但也有可能是为了掩饰自己内心的紧张情绪。在重要的社交场合，一些人为了能在气势上震慑别人，或者让自己显得有权威，通常会做出双手背在身后的动作。如果一个人一边将双手背在身后，一边踱步，则表示在沉思。这一类人做事、做决策都比较慎重稳妥。有些老年人喜欢把手背在身后，表明他们在看待问题时坚持自己的想法。

（二）坐姿

中国人讲"坐如钟"，稳重、适当的坐姿不仅给人以沉着、冷静的感觉，而且是展现自己文雅、端庄气质与修养的重要形式。

1.坐姿的基本要领

①平缓入座：行至座前，转身缓坐，切忌沉重落座。

②椅面不满：入座时，宜坐椅面的1/2～2/3，不宜将椅面坐满。

③头部端正：双目平视，下颚向内微收，颈部挺直，保持端正。

④躯干平直：双肩放平、下沉，腰背挺直，胸部上挺，腹部微收，臀部略向后翘，上身略向前倾。

⑤四肢摆好：双臂自然弯曲，双手放于腿上，女士应双膝并拢（男士可双膝微开），双腿自然弯曲，双脚平落地面。

⑥平稳离座：右脚向后收半步，找支撑点，平稳起立，离开座位。切忌猛起、哈腰或左右摇摆。

（1）女士坐姿规范。

①标准式坐姿。

上身与大腿、大腿与小腿、小腿与地面均成直角，双腿并拢，双膝紧贴，双脚并排靠拢，双手虎口相交置于左腿上。

②侧点式坐姿。

上身端正，双膝紧贴，两小腿并拢平移至身体一侧，与地面约成45度，双脚平放或点地，双手互握于腹前一侧。

③交叉式坐姿。

上身端正，双膝紧贴，双脚在踝关节处交叉后略向身体一侧斜放，一脚着地，另一脚点地，双手互握置于腹前一侧。采用这种坐姿时，也可将双脚交叉略向后屈。

④重叠式坐姿。

上身端正，两小腿平移至身体右侧，与地面约成45度，左腿重叠于右腿之上，左脚挂于右脚踝关节处，脚尖向下，右脚掌着地；也可以交换两腿的上下位置，右腿重叠于左腿之上，将两小腿移至身体左侧。

⑤前后式坐姿。

上身端正，双膝紧贴，左小腿与地面垂直，右小腿屈回，左脚掌着地，右脚尖点地，两脚前后位于同一直线上。采用这种坐姿时，双腿位置可互换。

（2）男士坐姿规范。

①标准式坐姿。

上身端正，与大腿垂直，双膝、双脚完全并拢，双手掌心向下分别放在两大腿上。

②开膝式坐姿。

上身与大腿、大腿与小腿、小腿与地面均成直角，双膝、双脚自然分开（不超过肩宽），脚尖朝前，双手互握置于任何一条腿上。

③重叠式坐姿。

上身保持端正，双腿小腿交叠，左小腿垂直于地面，右腿叠于左腿上，右小腿向里收，右脚尖向下倾，双手互握置于右腿上。采用这种坐姿时，交叠的双腿可以互换位置。

2. 坐姿礼仪禁忌

①不可将头倚靠在椅背上，或者低头注视地面。

②不可双臂交叉抱胸，或双手做出多余的动作，切忌将双手放在双腿之间。

③女士应始终膝盖靠紧，不可大腿并拢而小腿分开。

④男士不可将双腿叉得过开，或将双腿过分伸张，或一腿弯曲、一腿伸直呈现"4"字形，或将小腿搁在大腿上，用脚打拍子，甚至不停地抖腿。

⑤跷腿时，切忌将悬空的脚尖朝上或指向他人。

⑥与邻座交谈时，可以侧坐，并将上身和腿同时转向交谈对象。

（三）走姿

走姿是人体所呈现出的一种动态，是站姿的延续。规范的走姿，是展示自己气质与修养的重要形式。注意走姿可以防止身体变形，甚至可以预防颈椎病。

1. 走姿的基本要领

①步态端正：昂首挺胸，收腹提臀，双肩放平、下沉，双目平视，重心稍向前倾，双臂自然地前后摆动，摆幅为 30～40 厘米，前摆幅大于后摆幅。掌心朝内，手指自然弯曲，脚尖伸向正前方，脚跟先于脚掌着地，脚尖推动不断前行。

②足迹平直：男士的足迹应在两条平行线上，女士的足迹应尽可能在一条直线上。

③步幅适中：即步行时双脚中心的距离应适中，男士的步幅一般为 40 厘米，女士的步幅一般为 30 厘米。

④风格有别：男士应步伐矫健、稳重，展现阳刚之美；女士应步伐轻盈娴雅，展现阴柔之美。

2. 走姿的礼仪禁忌

行走时不可低头、仰头、弯腰驼背、摇头晃肩、左顾右盼或扭腰摆臀。

双手不可置于背后，否则会给人以傲慢之感。

双脚不可呈内八字或外八字。

不可拖沓前行，也不可使脚和地面摩擦或碰撞而发出噪声。

切忌与他人抢道、排成横队或勾肩搭背。

（四）蹲姿

蹲姿是由站立的姿势转变为两腿弯曲和身体下降的姿势，是在比较特殊的情形下所采取的一种暂时性体态，如提供必要服务时或捡拾地面物品时。

1.蹲姿的基本要领

直腰下蹲：上身端正，一只脚后撤半步，身体重心落在位于后侧的腿上，平缓屈腿，臀部下移，双膝一高一低。

直腰起立：下蹲取物或工作完毕后，挺直腰部，平稳起立、收步。

2.蹲姿规范

（1）高低式蹲姿。

下蹲时，左脚在前，脚掌完全着地，右脚在后，脚掌着地、脚跟提起；屈腿下蹲后，左小腿基本垂直于地面或与地面成60度，右腿居后，右膝低于左膝，形成左高右低的姿态。采用这种蹲姿时，左、右脚可以互换。男士采用这种蹲姿时，可将两腿适当分开；女士采用这种蹲姿时，应将两腿靠紧，并可略微侧转。

（2）交叉式蹲姿。

下蹲时，左脚在前，脚掌完全着地，右脚在后，脚掌着地、脚跟提起；屈腿下蹲后，左小腿基本垂直于地面，右腿从左腿下方伸向左侧，两腿交叉重叠支撑身体，腰背挺直、略向前倾。这种蹲姿的造型优美典雅，适用于女性。采用这种蹲姿时，可左、右腿互换姿势。

3.蹲姿的礼仪注意事项

①下蹲时，应与他人保持一定距离，且不可过快、过猛。

②下蹲时，应尽量侧身相向，切勿正面面对他人或背对他人。

③下蹲时，一定要避免"走光"，特别是女士。

④下蹲的姿势应当优雅，切忌弯腰撅臀，或者两脚平行、两腿分开、弯腰半蹲（即"蹲厕式蹲姿"），否则极其不雅。

⑤不可蹲在椅子上，也不可在公共场合蹲着休息。

4.蹲姿三要点

迅速、美观、大方。

若用右手捡东西，可以先走到东西的左边，右脚向后退半步再蹲下来。

脊背保持挺直，臀部一定要蹲下来，避免弯腰翘臀的姿势。男士两腿间可留有适当的缝隙，女士则要两腿并紧，穿旗袍或短裙时需更加留意，以免尴尬。

三、手势礼仪

（一）手势礼仪的基本规范

一般认为：掌心向上的手势有诚恳、尊重他人的含义；掌心向下的手势意味着不够坦率、缺乏诚意等；伸出食指来指点是要引起他人的注意，含有教训人的意味。因此，在引路、指示方向等时，应注意手指自然并拢，掌心向上，以肘关节为支点指示目标，切忌伸出食指来指点，这是极不礼貌的。

手势的含义非常丰富，如招手致意、挥手告别、拍手称赞、拱手致谢、摆手拒绝等，都传递着不同的信息和情感。运用手势的曲线宜软不宜硬，速度不要太快，要注意手势与面部表情和身体其他部位动作的协调，真正体现出尊重和礼貌。同时注意手势使用不宜过多，动作幅度不宜过大，严禁手舞足蹈。

（二）常见的手势礼仪

1.引领手势

在社交场合，为他人指示方向、请他人进门、请他人坐下等情况下都需要用到引领手势。

（1）横摆式。

左手置于体侧，右手五指伸直、并拢，右前臂以肘部为轴从体侧向腹前抬起，手心翻转向上，然后右前臂向身体右侧摆动，至稍前方停住，手掌与前臂在同一直线上，上身略向前倾，目视手指示的方向，面带微笑（图4-1）。

图 4-1　横摆式

采用此手势时，可互换左、右手姿势，也可双手同时摆向一侧。

（2）曲臂式。

右手五指并拢，自然下垂贴紧身体。左手前臂以肘部为轴向前抬起至腰部高度，手心向上，五指并拢，指尖朝向所要指示的方向。然后左手前臂向前方摆动，至手与身体相距20厘米处停止，手掌与前臂在同一直线上，腕低于肘，上身略向前倾，目视对方，面带微笑（图4-2）。采用此手势时，可互换左、右手姿势。

图 4-2　曲臂式

图4-3　斜下式

（3）斜下式。

左手置于体侧，右手五指伸直、并拢，右臂向前抬起至腹前，然后以肘部为轴向右下方摆动，手心翻转向前，手掌与地面成45度，手部、腕部、腰部在同一平面上时停止，上身略向前倾，目视对方，面带微笑（图4-3）。采用此手势时，也可左、右手互换姿势。此手势适用于请宾入座。

2. 接递物品

接递物品时，应起身站立，用双手接取或递送物品，同时，上身略向前倾。若不方便双手并用，则可用右手接递，切忌单用左手；若双方距离过远，则应主动走近对方，双手接递（图4-4）。

①双手接递，轻拿轻放。

②接递物品时上身略向前倾。

③眼睛注视对方手部。

④递送资料时，文字正向朝着对方，双手握于资料后端1/3处，前2/3留给对方。

⑤向对方递送笔时，应把笔套打开，笔尖朝向自己，左手握住笔尖上方，右手在左手前面轻扶笔杆，将大约1/2的笔杆部分留给对方，要双手递送。需要注意的是，递送带尖、带刃或其他易伤人的物品时，应将尖、刃指向自己，而"授人以柄"。

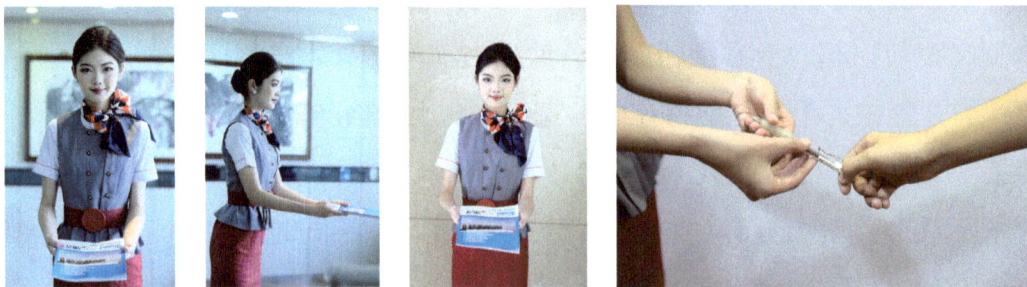

图4-4　接递物品

3. 握手礼仪

握手是社交场合中常见的一种礼节，它可以传达欢迎、惜别、祝贺、鼓励、感谢、慰问、信任等情感，能促进社交者的沟通与交流。

（1）握手的时机。

在社交活动中，握手必须在适宜的时机进行，否则会有失礼仪或显得冒失。一般而言，在以下情况下应握手致意。

①当被介绍与他人认识，双方相互问候时，与对方握手以表敬意。

②与多日未见的朋友、同事相见时，与之握手以表问候、关心和喜悦之情。

③当他人取得成绩或有喜事时，与之握手以表祝贺。

④当得到他人的理解、支持、帮助、鼓励或认可时，与之握手以表感谢。

⑤当他人向自己赠送礼品或颁发奖品时，与之握手以表感谢。

⑥在较正式场合与相识之人道别时，与之握手以表惜别。

⑦作为东道主迎接客人或来宾时，与之握手以表欢迎。

⑧在参加宴请后告辞时或拜访朋友、同事后辞别时，与邀请方代表或主人握手，以表感谢、惜别。

⑨在他人遭遇挫折时，与之握手以表鼓励或支持。

⑩在参加他人的追悼会后离别时，与死者的亲属握手，以表慰问或劝慰其节哀。

在以下情况下，不宜与他人握手，可采用挥手、点头等方式致意。

①当对方右手负伤或携带较多重物时。

②当对方正忙于其他事务（如打电话、与他人交谈、用餐等）时。

③当对方离自己距离较远或位于人群中而无法握手时。

④当自己的右手负伤或不干净时。

（2）握手的姿势。

握手的姿势有很多种，常见的有单手式和双手式两种。

单手式：握手时，距离对方约75厘米，双脚立正，上身略向前倾，左臂下垂，右肘关节微屈，右前臂抬至腰部，伸出右手，四指并拢、拇指张开，与对方右手的虎口交叉、相握（图4-5）。握手时，可上下轻摇几次，以表真诚和热烈。

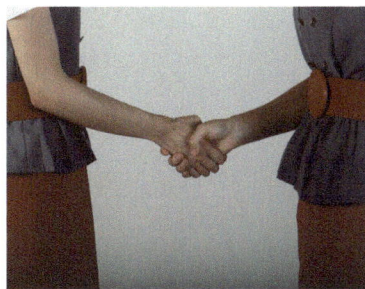

图4-5 单手式

双手式：握手时，伸出右手紧握对方的右手，再用左手握住对方的右手手背、前臂、上臂乃至肩部。这种握手方式只适用于晚辈对长辈、身份较低者对身份较高者、亲朋好友之间或同性朋友之间，不适用于初识者或异性。

（3）握手的要领。

握手时，除了姿势应正确以外，还应把握握手的神态、力度和时间方面的要领。

①神态。握手时，应面带微笑，目视对方的眼睛，神态自然、热情、专注，以体现对对方的友好和尊重。

②力度。握手的力度应当适中，不可过大，也不可过小。力度过大，会让人承受不了或给人以粗鲁感；毫无力度或伸而不握，会给人以敷衍或缺乏热忱之感。具体而言，若对方是亲友，则握手力度可稍大一些；若对方是异性或初识之友，则握手力度不可过大。

③时间。握手的时间通常以3~5秒为宜，不可过短也不可过长。时间过短，会给人以敷衍之感；时间过长，特别是与异性或初识者，可能会使对方误会或不快。

（4）握手的顺序。

在公务场合，握手的顺序主要取决于职位、身份；在一般社交场合或休闲场合，握手的顺序主要取决于年龄、性别和婚否。

握手应遵循"尊者决定"的原则，即先确定握手双方身份，然后由位尊者先伸出手。

两人握手时伸手的顺序如下。

①职位、身份高者与职位、身份低者握手时，应由职位、身份高者先伸出手。

②年长者与年幼者握手时，应由年长者先伸出手。

③长辈与晚辈握手时，应由长辈先伸出手。

④女士与男士握手时，应由女士先伸出手。

⑤已婚者与未婚者握手时，应由已婚者先伸出手。

⑥主人与客人握手时，应分迎和送两种顺序：迎客时，应由主人先伸出手，以示欢迎；送客时，应由客人先伸出手，以示感谢，若主人先伸出手，则会有逐客之嫌。

⑦先到者与后到者握手时，应由先到者先伸出手。

若一个人需要和多人握手，则握手时应遵循尊者为先的原则；若握手对象的身份差别不明显，则应按照顺时针或由近及远的顺序挨个进行，切勿顾此失彼。

（5）握手的禁忌。

①切忌用左手与他人握手，特别是在与阿拉伯人、印度人打交道时，因为信奉伊斯兰教和印度教的人都认为左手是不洁净之手，用左手握手有侮辱对方的意思。

②切忌戴着手套、墨镜或帽子与他人握手，但女士着礼服戴薄纱手套时例外。

③切忌拒绝与他人握手，若有手疾或手不干净，则应说明缘由，以免造成误会。

④切忌争先恐后地与他人握手，造成交叉握手，而应待他人握手结束后，再伸手相握。

⑤握手时，切忌将另外一只手插在口袋里或用另外一只手拿着东西。

⑥握手时，切忌左顾右盼、心不在焉或面无表情。

⑦握手时，切忌只握对方的指尖。

⑧切忌在与他人握手后立即擦拭自己的手或洗手。

（三）其他常见礼仪

1. 举手示意

抬起右手手臂，大臂与身体成 90 度夹角，大臂与小臂成 90 度夹角，五指并拢，掌心面向示意方向。

2. 阅读指示

①五指并拢，指向阅读内容，面带微笑，同对方有目光交流。

②五指并拢，掌心斜 45 度指引，忌单指指引。

③明确小范围内容时，可在该范围下方画横线或在周围画圈。

④单据文字正向朝着对方。

⑤指引过程中保持微笑。

⑥适时与对方进行目光交流。

（四）手势礼仪禁忌

1. 大拇指向下

这个手势如果是对着别人，比如对着你对面的人，那就表示你对他是藐视态度，也就等于你对他说"你不行，没有什么了不起，你不如我"，或者是以"勒令"或命令的口气对他说"你下去（下来）！"。但是在某些行业中，比如操作起重机时，担任指挥的人做这个手势，是表示设备的运动方向，表示需要向下方动作。

2. 指点

在交谈中，伸出食指向对方指指点点是很不礼貌的。这个手势，表示对对方的轻蔑与指责。更不可将手举高，用食指指向别人的脸，西方人比东方人要更忌讳别人的这种指点。因此，切忌用大拇指指自己的鼻尖，用一根手指指人、指路。

3. 打响指

打响指就是用手的拇指与中指弹出声响。它所表示的意义比较复杂：有时表示高兴；有时表示对所说的话或所做的举动感兴趣或完全赞同；有时则视为某种轻浮的动作，比如对某人或异性打响指。

在陌生的场合或不熟悉的人面前，轻易地打响指，会使人觉得没有教养。即便是碰到熟人打招呼时打响指，也会使人觉得不舒服。总之，这是一种很随便的举止，慎用为好。

课堂研讨
1. 行为礼仪有哪些基本要素？
2. 行为礼仪在民航对客服务中的作用是什么？

任务工单▼

民航服务基本技能任务工单			
项目	学习民航服务礼仪		
任务	掌握行为礼仪		
负责导师		截止日期	
任务描述	本工单依据民航服务的典型工作任务制定，主要面向民航服务岗位，使学生掌握如何通过运用表情、仪态、手势展现自己在对客服务过程中的良好状态，提升民航服务品质。		
任务目标	目标	掌握如何通过阳光的微笑、良好的仪态、规范的手势来向旅客展示积极的服务形象。	
	关键成果	1. 了解表情礼仪规范。	
		2. 能独立运用仪态礼仪进行对客服务。	
		3. 掌握手势礼仪的规范与禁忌。	
任务重点	掌握站姿、坐姿、蹲姿和走姿的礼仪规范，从而体现职业人美好的礼仪仪态和优雅的气质和风度。		

续表

主要内容	①站姿训练。	②坐姿训练。	③蹲姿训练。	④走姿训练。	
任务难度		□简单	□一般	□偏难	□困难
完成确认	序号	检查事项			组长签字
	1	任务要求是否明确？			
	2	仪态礼仪运用是否规范？			
	3	能否提升民航岗位服务品质？			
	4	是否展现个人基本素养？			
	5	是否体现团队协作精神？			

注意事项：
1. 请严格按照工单内容要求进行项目实践，不得随意更改流程。
2. 在完成任务后，请进行自检，完成请打√。

教师签字：

拓展训练▼

分组进行站姿、坐姿、蹲姿、走姿训练。

自我评价▼

任务二
掌握形象礼仪

任务描述 ▼

民航从业人员的个人形象代表着公司的企业形象和民航的整体形象。通过本任务的学习，你将学会如何通过提升面部修饰能力、服饰着装规范来提升个人整体形象，展现民航服务品质。

本任务包含面部修饰、服饰修饰两个小任务。在结束整个任务学习后，你应当能够进行正确的面部修饰，以及规范的服饰着装，并且向旅客展示良好的个人形象。

知识准备 ▼

一、面部修饰

（一）面部修饰礼仪

1. 面部护理

皮肤是仪容的重要基础，不同类型的皮肤需用不同的方法加以护理和保养。皮肤一般分三种类型：干性皮肤、中性皮肤和油性皮肤。确定自己皮肤类型的办法简便易行：晨起洗脸前，以数块纸巾贴于额、鼻侧、两颊等处，一分钟后，纸巾湿而油的为油性皮肤，毫无油脂的为干性皮肤，中性皮肤居二者中间。

干性皮肤油脂分泌较少，经不起风吹日晒，对外界的刺激十分敏感，易出现色素沉着和皱纹。中性皮肤比较润泽，对外界的刺激不太敏感，比较易于护理。油性皮肤毛孔粗大，油光满面，易生痤疮等皮脂性皮肤病，但适应性强，不易显皱。不同皮肤类型的人应选择适合自己的方法护理皮肤。

皮肤的护理是必要的，皮肤的保健也是十分重要的。皮肤保健要做到以下几个方面。

（1）精神愉快是最好的美容保健方法。俗话说"笑一笑，十年少"。笑的时候，面部肌肉舒展，皮肤的新陈代谢加快，从而促进血液循环，增强皮肤弹性，可以使面色红润，使人年轻和健康。

（2）充足的睡眠是美容保健不可缺少的条件。在睡眠状态下，人体的所有器官都能够得到休整，细胞加速更新。睡眠充足，精神才能振作，才能容光焕发。如果晚上经常熬夜，时间长了皮肤会干涩无光。

（3）合理的饮食是美容保健的根本。人体需要多种养分，有了养分，皮肤才有自然健康的美。因此，在日常的生活中应注意膳食均衡，摄入足量富含维生素的食物，少吃刺激性食物，保持消化系统的畅通。

（4）养成喝水的习惯。皮肤的弹性和光泽主要是由它的含水量决定的。要使皮肤滋润细嫩，就应喝足够多的水。

2. 化妆

俗话说"三分长相，七分打扮"。化妆越来越被人们所重视，它不但可以使自己变得更漂亮，同时也是对他人尊重的一种表现。所以，女性服务人员应该化妆上岗，突出和强调自己所拥有的自然美，做到"饰而无痕"，追求自然美与装饰美的和谐统一，一般以淡妆、浅妆为宜。

（1）化妆的基本原则。

①审美原则。化妆不仅仅是描眉、涂眼、抹口红，而是要借助这些化妆技术，体现化妆者的形象。所以，化妆前，对自己要有一个整体和理想的形象设计。具体来说，就是要符合自己的年龄、工作性质、职业身份、面容特征和色彩搭配要求，做到浑然天成，恰到好处。

②科学原则。在化妆时必须合理选择和使用化妆品，避免使用对皮肤有害、与自己皮肤类型不适合而引起副作用的化妆品。

③协调原则。化妆应随时间、地点、场合、年龄、身份的不同而不同。日常工作中，民航服务人员以化淡妆为宜。淡妆显得自然大方、朴实无华、素净雅致，这样才与自己特定的身份相符，才会被旅客认可。

化妆需注意的地方主要有：第一，不在岗上化妆，工作妆应在上岗前完成，不允许在工作岗位上进行。第二，化妆后应检查，不可以残妆示人，那样既有损自己的形象，也显得对旅客不礼貌。第三，补妆时不可当众操作，补妆应选择无人的地方或洗手间进行。第四，不要借用他人的化妆品，这是出于卫生和礼貌的考虑。另外，不要非议他人的妆容，化妆没有定式，我们不可对他人品头论足。

（2）化妆的基本步骤。

①清洁面部：先用洁面乳等清洁类化妆品清洗面部，然后涂以护肤类化妆品。使用这类化妆品既可以滋润皮肤，又可以起隔离作用，防止带色彩的化妆品直接进入毛孔。

②打粉底：选择质量好、接近肤色的粉底，以改善肌肤的颜色和光泽。注意扑打粉底时要涂抹均匀。

③眉毛的修饰：一般从眉头开始，按照眉毛的自然生长方向描画。

④上腮红：上腮红的目的，一是表现皮肤的健康红润，二是利用腮红的位置和方向来矫正脸形。

⑤涂口红：涂口红时，注意不能超出唇线。口红颜色的选择应和年龄、服装、场合、职业和季节等协调。

（二）发型修饰

人们在互相打量时，通常是从头到脚，发型适当与否，直接影响到对方对你印象的好坏。因此，美发就成为人们塑造仪容美的重头戏。民航服务人员发型修饰的基调是：活泼开朗、朝气蓬勃、干净利落、端庄持重。

1.女士发型要求

女性民航服务人员的发型基本要求：发不遮脸、刘海不过低，不可将头发染成五颜六色，发型不可过于前卫时尚，还要避免使用色泽太鲜艳的发饰。

民航服务人员在选择发型时，应考虑自己的脸形、年龄等相关因素。

（1）要与脸形结合起来。比如，长脸者在选择发型时，轮廓应平伏些，尤其是前额的刘海应留得长而多一些。

（2）要与年龄相称。比如，年轻的民航服务人员可选择新颖、别致而又健康、大方的发型。

2.男士发型要求

男性民航服务人员的发型基本要求：头发长度要适中，前不及眉，旁不遮耳，后不及领，不留长发和大鬓角。

从事民航接待工作的男士在发型的选择上要掌握以下三点。

（1）要体现刚毅有力的阳刚特点，不能把自己弄得不男不女、不伦不类。

（2）要突出自己的个性特点，在选择发型时注意和自己的脸形、体形、服装等相协调。

（3）要体现职业特点，选择的发型应大方、得体。发型的风格要庄重中略带保守，不能标新立异或选择过于前卫的发型。

（三）个人卫生规范

清洁卫生是仪容美的关键，也是礼仪的基本要求。民航服务人员在个人的卫生方面要严格做到以下几点。

1.注意面部清洁

男士应养成勤洗脸、勤剃须的习惯。脸、颈及耳朵要保持干净，胡子要刮干净。头发应经常清洗，保持干净，梳理整齐。一般不留胡须和大鬓角，以免给别人留下不修边幅之感。女士除了要使脸、颈绝对干净外，保持皮肤的润泽并富有弹性也很重要。

2.养成良好的个人卫生习惯

做到勤洗澡、勤换内衣，使身上无烟味、无酒味、无汗酸味。保持牙齿的清洁卫生，坚持做到每天"三个三"，即三顿饭后都要刷牙，饭后三分钟内刷牙，每次刷牙不少于三分钟。同时，上班前要注意不喝酒，忌吃大葱、大蒜、韭菜等有刺激性气味的食物，要保持口气的清新。

3.注意手的干净

要随时清洁双手，指甲要及时修剪，以保持指甲的清洁。不得留长指甲。不能涂有色指甲油，只能涂无色透明指甲油。在工作岗位上不可乱用双手，如揉眼睛、掏耳孔、抠鼻、剔牙、搔头发、挠痒痒、脱鞋或是双手四处乱摸、抓捡地上的物品，这些都是极不卫生的。

二、服饰修饰

穿着得体、容貌端庄、举止文雅是民航服务人员审美情趣和义化修养的

> **课堂研讨**
>
> 1.面部修饰的基本方法有哪些？
>
> 2.女性化妆的禁忌有哪些？
>
> 3.民航工作对发型的基本要求是什么？

外在表现。在人与人交往的过程中，视觉因素给人的整体印象深刻，充分说明仪表美的重要性。

着装大方和整洁有一种无形的魅力，是表现仪表美的重要因素。服装还是一种"语言"，它在表达对人是否尊重的同时，也表达一个人的文化品位以及生活态度等。

（一）着装的基本原则

1. 色彩搭配原则

不同的色彩有着不同的象征意义，不同颜色的服装穿在不同人的身上会产生不同的效果。由此可见，服装色彩的搭配是很有学问的。基本搭配方法有三种。

①同色搭配法。这种搭配法被称为最保险的配色法。它既包括上下装同色系套装，如男士西装、女士职业套装等，也包括把同一种颜色按照色系中深浅、明暗度不同进行搭配，以形成统一、和谐的审美效果，如墨绿色配浅绿色、正红色配深红色等。

②相似搭配法。这是指两种比较相似的颜色，即相邻的颜色进行搭配的方法，如橙配黄、黄配草绿、白配灰、红配橙红。相似搭配由于富于变化，色彩有差异，服装更显活泼与动感。

③主辅搭配法。这是以一种色彩为整体基调，再适当辅之以其他色彩的搭配方法，各种颜色不失各自的特点，相映生辉。但在搭配时要注意对比效果，既鲜明又不要太刺眼。

无论采用哪一种搭配方法，都应掌握一条共同的原则：调和（协调）。调和就是美，但调和不等于没有对比、没有变化。不过全身最好不超过三种颜色，而且以一种颜色为主色调，颜色太多则显得乱而无序、不协调。

2. TPO 原则

TPO 是英文 time（时间）、place（地点）、occasion（场合）三个单词的首字母缩写。着装的 TPO 原则是指人们的穿着打扮要兼顾时间、地点、场合，并与之相适应，它是着装打扮的最基本的原则。

①与时间相适应。一方面，着装要富有时代特色，把握时代主流，既不太超前，也不能滞后，应散发时代气息。另一方面，是合乎时令，不能冬衣

夏穿或夏衣冬穿。

②与地点相适应。这是指要考虑不同国家、不同地区所处的地理位置、自然条件以及生活习俗等。地点不同，着装也应有所区别。特定的环境应配以与之相适应、相协调的服饰，才能获得视觉和心理上的和谐美感。在豪华的会客室与简陋的会客室，穿着同一件衣服产生的心理效应可能是截然不同的，给人的感觉也可能是不同的。

③与场合相适应。这主要指在上班、社交、休闲等不同场合应有不同的着装。上班时间着装应端庄、整洁、稳重、美观、和谐，能给人以愉悦感和庄重感。正式社交场合，着装宜庄重大方，不宜过于浮华。

（二）制服着装规范

民航业众多工作岗位有各自的制服，在岗时必须穿制服，这是本行业工作的需要。民航服务人员穿上醒目的制服，不仅是对旅客的尊重，而且便于旅客辨认，同时也使穿着者有一种职业的自豪感、责任感和可信度，是敬业、乐业在服装上的具体表现。穿着制服时需要符合制服的着装规范，具体要做到以下几点。

①佩戴好工号牌。无论是哪一家民航企业、哪一个具体部门的工作人员，身着制服时都应同时佩戴表明其姓名、部门、职称的工号牌，这可以促使工作人员更积极、主动地为旅客服务，约束自己的言行，同时也便于旅客辨认。因此，每一位民航服务人员都应抱着对自己职业的自豪感去工作，自觉地把工号牌端正地佩戴在左胸上方。

②大小合身。工作制服应"量体裁衣"，注意"四长"（袖至手腕、衣至虎口、裤至脚面、裙至膝盖）和"四围"（领围以空余处可插入一指为宜，上衣的胸围、腰围、臀围及裤、裙的臀围以加一件羊毛衫为宜）。

③干净整洁。制服的美观整洁既突出了人的精神风貌，也反映了企业的管理水平和卫生状况。穿制服要特别注意袖口和领子的清洁，要给人以干净、清爽之感，整齐挺括，做到衣裤无污渍、无油渍、无异味。

④穿着规范。内衣不能外露、不挽袖卷裤、不漏扣掉扣、领带领结与领口的吻合要紧凑且不系歪；衣裤不起皱，穿前烫平，穿后挂好。做到上衣平整，裤线笔挺，款式简洁、高雅，线条自然流畅。不能制服便服混穿，那样会给人以杂乱无章的感觉，显得极为不规范。

⑤鞋袜须合适。鞋是制服的一部分。每天应当把皮鞋擦得干净、光亮，破损的鞋子应及时修补或更换。通常男士的袜子应与鞋子的颜色和谐，以白色、黑色最为普遍。女士应穿与肤色相近的丝袜，袜口不要露在裤子或裙子外边。

⑥体现文明。根据接待礼仪的基本规定，身着制服上岗时要显示文明、高雅的气质。

任务工单▼

民航服务基本技能任务工单					
项目	学习民航服务礼仪				
任务	掌握形象礼仪				
负责导师			截止日期		
任务描述	本工单依据民航服务的典型工作任务制定，主要面向民航服务岗位，使学生掌握如何通过提升面部修饰能力、规范服饰着装来展现个人整体形象，提升民航服务品质。				
任务目标	目标	能够正确地进行面部修饰以及规范的服饰着装，向旅客展示良好的个人形象。			
	关键成果	1. 能独立完成面部修饰。			
		2. 能正确穿着制服。			
任务重点	民航职业形象塑造。				
主要内容	①妆容规范。	②发型得体。	③服饰整洁。	④形象大方。	
任务难度	□简单		□一般	□偏难	□困难
完成确认	序号	检查事项			组长签字
	1	任务要求是否明确？			
	2	民航专业化形象是否规范？			
	3	是否提升民航岗位服务品质？			
	4	是否展现个人基本素养？			
	5	是否体现创新精神？			
注意事项： 1. 请严格按照工单内容要求进行项目实践，不得随意更改流程。 2. 在完成任务后，请进行自检，完成请打√。 <div align="right">教师签字：</div>					

拓展训练▼

（一）民航服务人员职业妆化妆的训练要点

1. 掌握化职业妆的原则和步骤

（1）小组成员熟悉化职业妆的原则。

（2）小组讨论化职业妆的步骤。

2. 小组化妆操练

（1）以小组为单位两人一组互相给对方化职业妆。

（2）小组每个人给自己化职业妆。

（3）互相评价打分。

（4）找出对方化职业妆的优缺点。

3. 班级化妆交流

（1）各小组推选出化职业妆得分最高的一名学生。

（2）各小组推选出的学生进行化职业妆比赛。

（3）选出化职业妆最快和最好的学生。

（4）教师对比赛点评和总结。

（二）发型修饰的训练标准

1. 女士职业盘发训练标准

（1）颅顶圆润光滑。

（2）发包在耳后正中位置，不松不散。发网完整无破洞。

（3）额头、耳前、脖颈处无碎发、无散发。固定发卡不超过三枚。

（4）盘发整体稳定持久，符合民航服务工作需求。

2. 男士职业发型打理训练标准

（1）正面视角：能清晰看见男士眉毛、耳朵，不遮不挡。

（2）侧面视角：两侧耳朵上方头发不过长，耳廓完整露出。

（3）背面视角：后侧脖颈部分头发不遮挡衬衣领口。

（4）整体视角：发型挺阔、干净清爽。

自我评价▼

项目五

值机服务

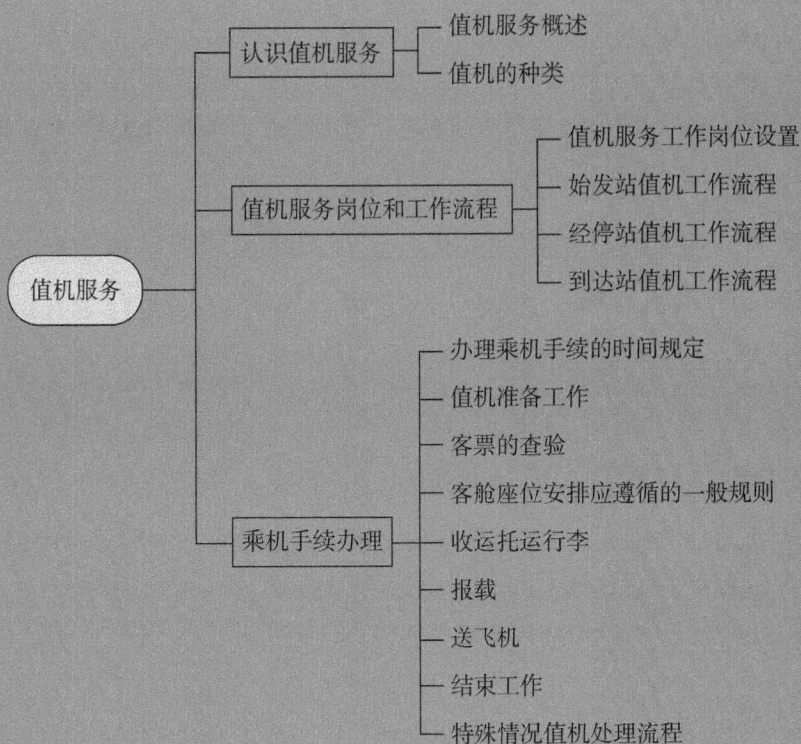

核心目标

>>> 职业能力

1. 掌握值机服务的要点。

2. 掌握值机岗位设置、各岗位要求及工作过程。

3. 掌握客票查验的重点。

4. 能够胜任旅客座位安排、行李收运工作。

5. 能够完成报载、送机及特殊情况的处理。

>>> 职业素养

1. 强化真情服务意识，对值机相关岗位产生职业兴趣，并以此树立目标，努力汲取知识，
   提升值机服务能力。

2. 培养踏实肯干、勤奋好学、上下联动、积极沟通的职业素养。

3. 养成严谨务实、开拓创新、真情实意、以人为本的职业态度。

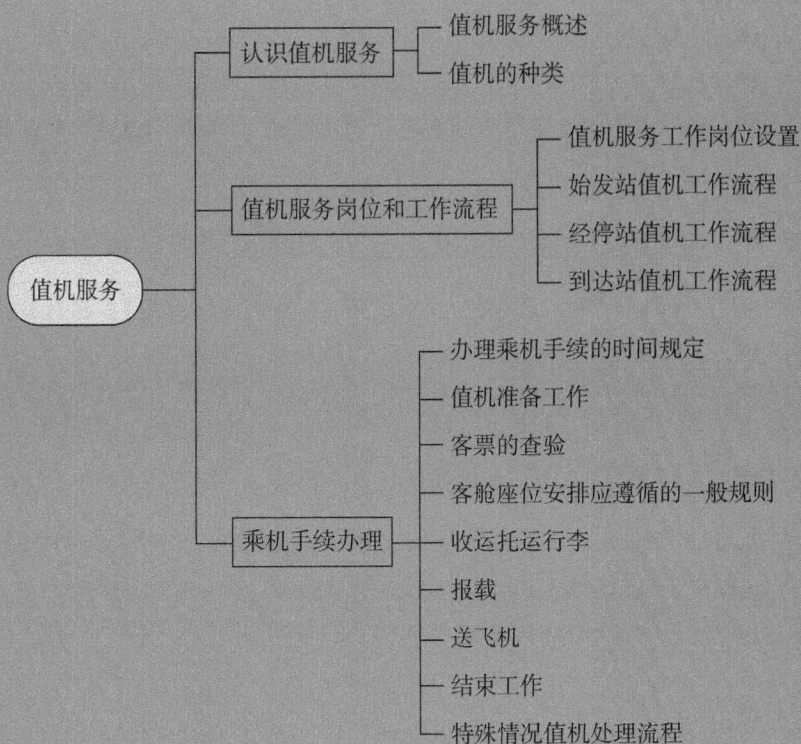

- 认识值机服务
  - 值机服务概述
  - 值机的种类

- 值机服务岗位和工作流程
  - 值机服务工作岗位设置
  - 始发站值机工作流程
  - 经停站值机工作流程
  - 到达站值机工作流程

值机服务

- 乘机手续办理
  - 办理乘机手续的时间规定
  - 值机准备工作
  - 客票的查验
  - 客舱座位安排应遵循的一般规则
  - 收运托运行李
  - 报载
  - 送飞机
  - 结束工作
  - 特殊情况值机处理流程

任务一
认识值机服务

任务描述▼

　　夏同学作为一名刚接触民航服务基础知识的新生，对民航运输中各种岗位都有了一定的了解，其中最感兴趣的就是值机服务相关岗位。她对值机相关知识还比较模糊，需要我们一起帮助她去了解值机服务。那么什么是值机？值机在民航旅客运输服务中扮演了什么样的角色呢？

知识准备▼

　　值机服务是机场服务的重要环节，也是旅客乘机的必要步骤。本任务将完整介绍值机服务的概念、值机的种类等专业知识。接下来让我们走进民航值机服务。

一、值机服务概述

　　让我们来了解一下什么是值机服务。在早期，值机不仅是办理乘机手续，它还包括行李统计、配载、登机、放行等一系列工作。后来由于航班量和旅客人数的增加，工作的分工更加细化，现在机场值机服务的主要任务是为旅客办理安检前的乘机手续，主要包括旅客选座位、办理行李托运、打印登机牌。

　　值机服务一般可以分为自助值机（图 5-1）和机场柜台值机（图 5-2）。自助值机是指旅客购票成功后，通过相应的航空公司网站、小程序或机场自助值机系统自己办理乘机手续（选座位、打印登机牌）。机场柜台值机是较为传统的值机服务。值机服务按照其服务的航班的特点来分又可以分为国内值机服务和国际值机服务。国内值机服务主要办理国内航班旅客乘机手续，国际值机服务主要为国际航班旅客办理乘机手续。有的航空公司的值机服务还按不同等级的舱位进行分类。

图 5-1 自助值机

图 5-2 机场柜台值机

值机服务在整个民航运输服务过程中扮演着非常重要的角色，做好值机服务工作能够确保航班准时起飞、提高旅客的满意度和机场的运营效率，并且为飞行提供良好的安全保障。

（一）值机员自身的素质影响旅客对航空公司的认知

值机员（图 5-3）的精神面貌、仪容仪表、服务态度、业务水平等直接影响航空公司的公众形象和商业信誉，影响旅客对航空公司的认知。值机员整洁大方的仪容仪表、热情周到的服务态度会使旅客有如沐春风的感觉，对航空公司产生良好的第一印象；值机员丰富的专业知识、娴熟的业务技能往往能增强旅客的信心和安全感。在市场竞争日趋激烈的现代民航运输业，航空公司之间的竞争归根结底是服务的竞争，赢得了旅客的心就意味着获得了更多的市场份额。旅客对航空公司的认

图 5-3 值机员

知和评价体现了旅客对航空公司的忠诚度，进而直接影响航空公司的市场竞争力。

（二）值机服务工作的效率影响航空运输的速度

速度快是航空运输的主要优势之一。航空运输的速度要靠航班准点起飞、及时中转、按期到达来保证。在竞争激烈的现代民航运输业，航班的正点率已成为影响旅客对航空公司认可度和航空公司竞争力的重要因素，而这在一定程度上依赖于优质的值机服务工作。如果值机环节发生差错，航班的正点率就会受到影响，航空运输的速度就不能保证。例如：值机员在为旅客办理

乘机手续时，没有仔细检查旅客的客票，使旅客错乘，可能会导致航班延误；值机员发错登机牌，也可能会导致航班延误。因此，良好的值机服务工作是保证航空运输速度的必要条件之一。

（三）值机服务工作影响飞行安全

值机服务工作可能会影响飞行安全，主要表现在以下两个方面。

第一，值机报载的准确性影响配载的准确性，进而影响飞行安全。值机员在完成一个航班的值机服务工作后，要向配载部门报载。如果值机员对旅客人数、行李件数及质量的统计不够准确，就有可能造成航班载量不均衡或者航班配载后重心偏移，无论哪种情况都会影响飞机的起降安全性，还会影响飞机升空后的可操纵性。如果航班出现超载情况，后果更是不堪设想。

第二，对旅客、行李把关不严影响航班安全。值机柜台是对旅客和行李检查的第一道关口。在办理乘机手续时，值机员应认真检查旅客的身份证件，防止假冒旅客特别是公安部门通缉的犯罪嫌疑人登机。除此之外，值机员还要注意观察旅客的言谈举止，防止精神病患者、醉酒旅客登机。对于旅客的托运行李，值机员除了要注意检查行李的包装是否符合要求外，还要配合安检人员对行李内的物品进行检查，防止旅客在其中夹带违禁品登机。

小贴士▼

▶ 值机

"值机"一词来源于酒店服务中的前台登记入住 check in，航空服务将这一词引用为值机，即为旅客办理登机手续。

二、值机的种类

（一）机场柜台值机

它是在候机楼的值机柜台办理值机手续。机场柜台值机仍旧是国内机场的重要值机方式。

（二）自助值机

随着电子客票的普及，针对购买电子客票的旅客，许多航空公司在候机楼提供自助值机设备。旅客使用第二代居民身份证、护照、电子客票等，可自行选择座位，机器直接将登机牌打印给旅客。

（三）城市值机

城市值机又称"异地候机楼"值机，是指民航机场在市区或没有机场的城市开设的异地候机楼办理登机手续，旅客不必到机场办理值机。这是机场航空服务及机场航站楼基本功能向机场周边城市的延伸和拓展，其包括机场航站楼除登机前安检以外的全部功能。对于没有机场的城市，旅客在当地办理值机手续，到异地机场乘坐飞机，大大缩短了在机场航站楼内的停留时间，减小了机场航站楼客流压力。例如，东莞城市候机楼能够办理从深圳、广州和香港机场始发航班的值机服务。

> **课堂研讨**
> 从旅客、航空公司、机场三个不同角度出发，讨论自助值机有哪些优缺点。

（四）酒店值机

针对商务旅客，航空公司将值机服务迁移到酒店。

（五）境外联程值机

将值机服务延伸到境外，旅客在境外一次性办好值机手续就可享受轻松便捷的航空旅行。

（六）手机值机

旅客使用手机上网登录航空公司网站或使用小程序选择相应的航程，自行操作完成选座，生成电子登机牌。需要托运行李的旅客到达机场后可到人工柜台交运行李，打印登机牌。旅客凭电子登机牌或纸质登机牌都可完成安检登机。

任务工单▼

民航服务基本技能任务工单	
项目	值机服务
任务	认识值机服务
负责导师	<table><tr><td>截止日期</td><td></td></tr></table>
任务描述	本工单依据民航服务的典型工作任务制定，主要面向民航服务岗位，增进学生对值机概念和值机重要性的了解，掌握值机的种类，为掌握值机工作流程奠定基础。

续表

任务目标	目标	掌握值机的种类。			
	关键成果	1. 能快速说出值机服务的内容。			
		2. 了解并能说出值机服务的重要性。			
		3. 能快速说出值机的种类。			
任务重点	1. 牢记值机服务的重要性。 2. 能说出值机的种类。				
主要内容	①理解值机服务的重要性。	②掌握值机的种类。	③进行值机服务内容市场调研。	④核验值机种类有无变化。	
任务难度		□简单	□一般	□偏难	□困难
完成确认	序号	检查事项			组长签字
	1	任务要求是否明确？			
	2	能否快速说出值机服务的内容？			
	3	能否准确介绍值机的种类？			
	4	提出的市场调研方案是否有可行性？			
	5	是否达到学习要求？			

注意事项：
1. 请严格按照工单内容要求进行项目实践，不得随意更改流程。
2. 在完成任务后，请进行自检，完成请打√。

教师签字：

拓展训练▼

1. 值机的概念是什么？

2. 值机服务的重要性体现在哪些方面？

3. 值机的种类有哪些？

自我评价▼

任务二
值机服务岗位和工作流程

任务描述▼

　　佟女士作为一名刚入职某航空公司的值机服务工作人员，明天就要跟岗学习了。她将跟着自己的师傅去了解值机岗位上各项工作内容，以便有温度、有真情地帮助旅客和协调各部门完成各类值机准备工作。机场一般设置了哪些不同的值机岗位，这些岗位的工作流程是什么呢？

知识准备▼

一、值机服务工作岗位设置

（一）值班主任柜台

　　乘坐各个国际国内航班的贵宾、头等舱旅客，持有各航空公司会员卡的旅客都可以在此柜台享受专业人员的一条龙服务。其基本要求如下。

　　①负责值机室和其他部门的衔接工作。

　　②负责为航班起飞前 40～45 分钟到柜台的旅客办理乘机手续。

　　③为特殊旅客（如贵宾、无成人陪伴儿童、孕妇、病残旅客、盲人等）办理乘机手续。

　　④在普通值机柜台有超大行李时，负责通知机动、巡视岗位人员。

　　⑤处理误机情况，如协助改签、提供延误证明、安排住宿等。

（二）会员专柜

　　此柜台为通过各航空公司特别会员服务方式订票的旅客提供在机场取票

服务，以及为大客户、贵宾提供优质乘机服务。值机服务人员还为旅客办理各航空公司俱乐部的现场入会手续，为持有会员卡的旅客查询旅程及提供里程补登和制卡服务。

（三）特殊旅客服务柜台

图5-4 为特殊旅客服务

此柜台专为晚到旅客、有特殊需要的旅客，如无成人陪伴儿童、孕妇、伤病旅客等提供方便、快捷、舒适的服务（图5-4），尽可能满足每一位旅客的特殊需求（晚到旅客应在保证航班正常的情况下办理乘机手续）。

（四）头等舱、公务舱值机柜台

此柜台负责为头等舱、公务舱旅客办理乘机手续。办完乘机手续后，柜台通知值班主任柜台，由值班主任做后续交接工作。没有头等舱、公务舱旅客时，也可为其他旅客办理乘机手续。头等舱、公务舱值机柜台一般在飞机起飞前40分钟或45分钟停止办理乘机手续。

（五）逾重柜台

此柜台负责为托运行李质量超过免费行李额的旅客办理逾重行李收费。旅客在值机柜台办理行李托运时，值机员如果发现行李质量超过免费行李额，会指示旅客到逾重柜台缴纳逾重行李费。逾重柜台收完费后填写逾重行李票，撕下其中的财务联和出票人联留底，其余两联交给旅客，并指示旅客回到先前称重的值机柜台，由值机员撕下逾重行李票的运输联，继续为其办理行李托运手续。逾重行李票的旅客联由旅客自行留存，可作为报销凭证，在托运行李遗失或损坏时亦可作为索赔的重要依据。

（六）超大超重行李柜台

此柜台负责为托运行李体积或质量超过规定的旅客办理行李托运手续。托运行李的质量每件不能超过50千克，体积每件不能超过40厘米×60厘米×100厘米，如超过则不能在普通值机柜台办理行李托运手续（传送带限制），而需要到超大超重行李柜台办理，由机动值机员使用手推车将行李推到装卸部门。

二、始发站值机工作流程

（一）准备工作

1. 航班飞行前一天的准备

①调控员根据飞机起飞前一天 24：00 前机场站调部门发来的次日航班预告，了解各航班飞机的机型、飞机号、预定起飞时间和预报人数，确定无误后填入航班动态记录本或航班记录表内。

②根据不同的机型、旅客人数，准备好相应数目的登机牌、行李牌、标志牌等业务用品。

③了解航班特殊服务项目，即了解是否有重要旅客、特殊旅客和团体旅客及他们的特殊要求。

2. 航班飞行当天的准备

①值机员应在当天第一架飞机起飞之前两小时到达工作岗位，做好当天的航班值机准备。

②向调度部门了解本站航班动态情况，如因天气或其他原因飞机不能正点起飞应及时通知航班不正常处理室等相关部门，妥善安排旅客。

③查看计算机，了解各航班的旅客人数有无增减。检查各航班准备的登机牌数是否与机型座位布局相符。

④掌握重要旅客所乘飞机的航班号、姓名、职务、人数、候机地点和登机的要求，及时通知有关部门和岗位；同时预留好飞机座位，备好重要旅客的行李牌和标志牌。

⑤如是联程航班，准确了解各航段的座位配额及前一站售票情况有无变更。

⑥掌握工作交接的有关内容，了解待办事宜。

⑦检查对讲机以及外场专用车辆的制动转向系统、汽油、机油、水、照明等状况是否良好。校对时钟，检查台秤、计算机等是否完好。校对航班指示牌显示是否正确，以便旅客办理乘机手续。

⑧根据不同的机型、旅客人数，领取相应数目的登机牌、行李牌、标识牌、头等舱和商务舱旅客休息卡、行李费收据等业务用品。除了以上业务用品之外，国际始发站还应准备出境卡、健康声明以及中转行李牌等涉及出境业务

的文件。

（二）办理乘机手续

办理乘机手续的主要内容是查验旅客的旅行文件，为旅客安排座位、托运行李、打印登机牌和行李条。

（三）结算报载

①航班关闭后，进行两复核。就是查看登机牌发放数与离港系统办理的人数是否完全一致，如果不一致，要立即查找原因。

②与装卸队核对行李件数和质量，办理交接手续。

③填写值机准备复核单。

④将旅客人数、行李件数和质量、旅客座位安排、轮椅、担架等汇总后报配载。报载后如需增减旅客、行李应及时报给配载部门。

⑤回收有关票证。将所办航班剩余登机牌、行李牌回收送交保管，进仓储放。

⑥按乘机人数，填好发运统计表，以便日后与航空公司结算。

其中，前四项由调控室完成，后两项由结算室完成。

（四）航班放行

①了解航班到达时间、上客时间，并于起飞时间前 20 分钟由登机口专员将有关单据（旅客名单、乘机联、值机准备复核单）送候机厅检票口。

②核对登机人数。在飞机起飞前 15 分钟发现还有旅客尚未登机时，应与值机员一起核实旅客姓名，进行广播寻人，并核查该旅客有无行李托运。旅客未登机又有行李托运，生产调度人员应通知值机员在离港系统里减掉旅客、行李数，并通知装卸人员拉下该旅客行李。

③交接相关旅客名单和特殊服务通知单。

④交接工作完成后，请乘务员签放行时间，通知撤梯、撤桥，放行飞机。

（五）放行后的工作

①航班统计。

②配载拍发电报。

三、经停站值机工作流程

（一）准备工作

①查阅后方站发来的过站载重报，明确过站旅客人数及可利用的业载。

②查阅后方站发来的座位占用情况电报（SOM）或从离港系统中查阅过站旅客座位占用情况，在该航班的座位布局表中划去已占座位；如果飞机预计到达时间前 30 分钟仍未收到座位占用情况电报等有关信息，则应发报向后方站索取。

③准备好过站旅客登机牌，如同时有两个以上的过站航班，则应使用不同颜色的过站登机牌。

④做好特殊旅客服务准备工作。

⑤准确掌握过站航班的到站时间和停机位置。

（二）过站工作

①在旅客下飞机时，发给过站旅客过站登机牌，告诉旅客凭此牌登机。

②引导旅客进隔离厅候机室休息，并告诉旅客登机时间和登机口。

③为重要旅客、病残旅客、盲人、无成人陪伴儿童等特殊旅客提供服务，必要时可为行动不便的特殊旅客做出机上停留的安排。

④在过站旅客登机时，收回过站登机牌，并清点旅客人数，反复核对，确保所有过站旅客登机。

⑤过站旅客登机的顺序，原则上为先上过站旅客，后上始发旅客。在确信所有过站旅客都已登机后，方可广播通知始发的旅客登机。

四、到达站值机工作流程

（一）飞机到达前的准备工作

①查阅相关报文，了解飞机预计到达时间、飞机型号、到达旅客人数，机上有无重要旅客、特殊旅客、联程或转机旅客或其他特殊情况，做好必要的准备。

②广播或显示航班动态。

③了解飞机的停放位置和登机桥号。

④及时了解飞机到达所需的设备，如梯车、轮椅、担架等是否准时到位。如有重伤、患病旅客，应及时通知急救中心准备救护车。

⑤飞机到达前5分钟，提前到达指定位置，正确引导旅客下飞机。

（二）飞机到达后的工作

①引导旅客下飞机至到达厅，并引导托运行李的旅客等候领取托运行李。

②做好特殊旅客的保障工作，由服务人员护送特殊旅客至到达厅，直至交给接机人。拍发电报给始发站。

③如遇各种原因导致飞机返航或备降，要做好旅客的引导工作；主动与有关单位联系，及时掌握航班动态、信息，耐心回答旅客的问询。

课堂研讨

每个航空公司或者机场设置的值机服务岗位是否一致，工作流程又是否一致？

任务工单▼

民航服务基本技能任务工单				
项目	值机服务			
任务	值机服务岗位和工作流程			
负责导师		截止日期		
任务描述	本工单依据民航服务的典型工作任务制定，主要面向民航值机服务岗位，增进学生对值机岗位工作内容和工作流程的了解，能够在不同值机岗位提供不同的服务。			
任务目标	目标	了解并掌握值机各岗位工作内容及流程。		
	关键成果	1. 了解不同值机岗位工作内容。		
		2. 能在不同的值机岗位提供对应的值机服务。		
		3. 能在航程的不同阶段完成对应的值机工作。		
任务重点	1. 掌握各值机岗位的工作内容和职责。 2. 掌握始发站值机工作流程。 3. 掌握经停站值机工作流程。 4. 掌握到达站值机工作流程。			
主要内容	①熟悉值机服务工作岗位设置。	②在不同的值机岗位提供对应的服务。	③掌握航程不同阶段值机工作流程。	④能独立完成各值机岗位的工作。
任务难度		□简单	□一般	□偏难	□困难
完成确认	序号	检查事项		组长签字
	1	任务要求是否明确？		
	2	能否掌握值机各岗位工作内容？		

续表

完成确认	序号	检查事项	组长签字
	3	能否掌握航程不同阶段值机工作流程？	
	4	能否独立完成值机各岗位的工作？	
	5	是否达到学习要求？	

注意事项：
1. 请严格按照工单内容要求进行项目实践，不得随意更改流程。
2. 在完成任务后，请进行自检，完成请打√。

教师签字：

拓展训练▼

1. 值机柜台分为哪几种？

2. 托运行李的质量每件不能超过_____千克，体积每件不能超过_____厘米，若超过需要去_____办理值机手续。

3. 航班关闭两复核，就是查看_____与_____。

4. 简述航程不同阶段的值机工作流程。

自我评价▼

任务三
乘机手续办理

任务描述 ▼

　　邱女士准备乘坐某航班从上海飞往北京，这是她第一次乘坐飞机出行。她在网上查了很多信息，如出行应该注意些什么，然后详细记录下来。因为第一次坐飞机，她非常想坐靠窗的位置。但是到了机场之后，值机员告知邱女士所有靠窗位置都已被选择完毕，邱女士很遗憾没有选到自己心仪的座位。在打印登机牌的时候，工作人员发现邱女士的身份证过期了，没办法直接办理乘机手续。通过工作人员的帮助，邱女士有惊无险地出行了。在办理乘机手续时，我们主要应注意些什么？工作人员主要负责完成哪些工作内容？

知识准备 ▼

一、办理乘机手续的时间规定

　　旅客应按承运人的要求，提前一定时间到机场办理乘机手续。提前办理乘机手续的时间有以下规定。

　　① 200 个以上（含 200 个）座位的客机在离站时间前 120 分钟开始办理手续，在离站时间前 30 分钟停止办理手续。

　　② 90～199 个座位的客机在离站时间前 90 分钟开始办理手续，在离站时间前 20 分钟停止办理手续。

　　③ 少于 90 个座位的客机在离站时间前 60 分钟开始办理手续，在离站时间前 20 分钟停止办理手续。

二、值机准备工作

①按时到岗，核对航班机型、飞机号、到达站。

②准备好行李牌、免责行李牌、贵宾行李牌、头等舱行李牌、中转行李牌、头等舱旅客休息牌、行李保险单、中转标志，以及"小心轻放""不能倒置"等标贴。

③提前 5 分钟上柜台，清理工作台面，检查计算机、台秤、行程单打印设备和行李转盘等是否运转正常，登机牌是否准备充足。

④登录离港系统，电子商务柜台操作员登录旅客机场服务系统。

三、客票的查验

①对客票的真实性、合法性、有效性进行查验。包括如下内容。

旅客与本公司有没有结算关系。

自旅行开始之日起，客票一年内有效。客票全部未使用的，从填开客票之日起，一年内有效。客票有效期的计算，自旅行开始或者填开客票之日的次日零时起至有效期满之日的次日零时止。特种票价的客票有效期，按该客票适用票价的有效期计算。

②检查旅客姓名。旅客姓名和旅行证件应与订座记录相符。但应允许某些情况下因采用不同拼写方法而造成的姓名不相符，也应允许因姓名写法习惯不同而造成的姓、名颠倒。

③检查航段。一些有多个到达站的航班，订座时可能会订错到达站。如果有旅客自愿更改到达站，应该先确定是否有可利用的座位，再根据规定做出更改。

④检查旅客订座记录中座位等级是否与客票所列相符。

⑤检查票价。

⑥检查订座状态。如果显示为"OK"，但计算机中显示无座，应设法弄清是由于工作人员疏忽还是旅客未再证实。无论哪种情况，持有"OK"票的旅客都应优先于持有"OPEN"票或未购机票的旅客。

⑦检查是否可签转。

⑧每一位成人旅客只能携带一名按正常票价 10% 付费的不占座婴儿旅客。

四、客舱座位安排应遵循的一般规则

在查验客票准确无误后，值机员应给旅客打印并交付登机牌（图 5-5）。我国使用的登机牌上印有航班号、日期、旅客姓名、座位号（国际航班还分吸烟区和非吸烟区座位号，国内航班分前舱门和后舱门座位号）、目的地和登机门等。登机牌上还有头等舱（F）、公务舱（C）、经济舱（Y）或其他特殊登记座舱字样以及航空公司名称和航徽等标志。

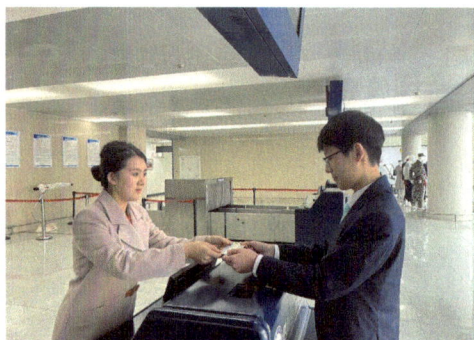

图 5-5 交付登机牌

登机牌是旅客对号入座和地面服务人员清点登机旅客人数的依据，是唯一的乘机凭证。在发放登机牌时需要为旅客安排和客票舱位等级相对应的座位，安排座位时一般应遵循以下规则。

①航班不满员时，要兼顾机舱各区域对飞机平衡的影响，尽量安排旅客平均分布：头等舱内旅客一般由前往后安排，经济舱旅客由后往前安排。

②团体旅客、同行旅客、家庭旅客或需要相互照顾的旅客应尽量安排在相邻座位上；不同政治态度或不同宗教信仰的旅客，尽量不安排在一起。

③重要旅客座位应尽量靠前排，或在允许范围内尽量满足其要求；航班经停站有重要旅客上飞机时，应事先通知始发站留合适的座位，始发站还应通知乘务员注意不要让其他旅客占用。

④符合乘机条件的病残旅客、孕妇、无成人陪伴儿童等需要特殊照顾的旅客应安排在靠近服务人员、方便出入的座位上，但不应安排在紧急出口旁边的座位上。

⑤在航班不满员的情况下，应将携带不占座婴儿的旅客安排在相邻座位无人占座的座位上；如果旅客在订座时已预订了机上摇篮，应把旅客安排在可安装机上摇篮的座位上。

⑥对需要拆机上座位的担架旅客，必须本着避免影响其他旅客的原则，一般将其安排在客舱尾部；所拆的座椅位置不能在紧急出口旁边。

⑦犯人旅客应安排在离其他旅客较远、不靠近紧急出口和不靠窗的座位上，其押送人员必须安排在犯人旅客旁边的座位上。

⑧紧急出口旁边的座位要尽量安排身体健全、懂中英文字、遇到紧急情况愿意帮助别人的旅客。

⑨对因超售等而非自愿购买高等级舱位的旅客的座位，应与该等级的付费旅客分开；非自愿降低舱位等级的旅客应安排在降低等级后较舒适的座位上。

⑩对携带外交信袋的外交信使及押运外币的押运员，应将其安排在便于上下飞机的座位上。

五、收运托运行李

如旅客有托运行李，值机员应在办理值机手续时收运（图5-6）。行李运输伴随旅客运输而产生，与旅客运输有着密不可分的关系。收运行李是行李运输中的首要环节，收运行李时应注意以下几个方面。

①了解行李内容是否属于行李的范围。

②了解行李内有无夹带违禁、违法、危险、易碎、易损、贵重物品或不能作为托运行李运输的物品。

③检查行李的包装、体积、质量是否符合要求。

图 5-6　收运托运行李

④行李称重，与免费行李额比较，决定是否收费，并对应该收费的收取逾重行李费。

六、报载

①值机员为旅客办理完值机业务、关闭本次航班后，应统计发放登机牌的数量，并与离港系统中的人数、行李件数、行李质量进行核对，用对讲机与行李房核对行李件数。如果货运收运了团队行李，应将件数和质量通知该航班值机员，值机员应及时将行李件数、质量加入离港计算机系统中，以便配载员配载以及核对。

②正常航班预计起飞前25分钟，至迟应于20分钟前，向结算室报载；不正常航班在飞机着陆后尽快向结算室报载。

③填写出港航班业务交接单。

④做好送航班的准备工作，带齐对讲机、该航班行李牌和出港航班业务

交接单到结算室。

⑤将出港航班业务交接单交结算控制员签字。

七、送飞机

①了解飞机停机位，核对飞机号，领取该航班舱单、业务袋及随机业务文件，送飞机。

②在不正常航班飞机到达后、旅客下完前到飞机上检查飞机状况能否上客，如能上客，及时通知上客。

③在舱门口检查登机旅客有无携带超大行李，如有，说服旅客将行李交运。在行李上拴挂行李牌，将行李交行李房人员送入货舱后，将行李票交给旅客。

④将舱单交给机长签字，业务袋交给乘务长，并请乘务长在出港航班业务交接单上签名。

⑤与结算室和第二验票口（登机口）工作人员核对人数，待旅客到齐后用对讲机通知结算室。

如有旅客未登机，查找出其姓名后，用对讲机通知结算室广播，并将该旅客乘机联找出，查看该旅客有没有托运行李。如未登机旅客有托运行李，将行李号报给行李房人员将其行李找出。若旅客在离港时间前 3 分钟仍未找到，请示结算室是否将未登机旅客的行李拉下，得到结算室同意后用对讲机通知行李房人员将其行李拉下，减去未登机旅客后与结算室和第二验票口工作人员重新核对旅客人数，通知机组减人后的确切人数（及托运行李的增减）并在舱单上做相应的修改，人员到齐后通知结算室。结算室同意后方可放行。

⑥将签过字的舱单和交接单送回结算室。

八、结束工作

回到值机室后，清理值机柜台，根据实际情况做账，并做好记录工作。

九、特殊情况值机处理流程

值机工作中会遇到一些特殊情况，值机员需要根据实际情况灵活处理。

（一）候补接收

如果遇到需要接收候补旅客的情况，必须先确认客票在离港系统的票联状态为"open for use"（有效）。

候补接收时，必须输入旅客的真实姓名，不能用"PAX"或其他符号代替。

旅客误机后，自愿改签后续航班，在没有订妥座位的情况下，值机员不得擅自候补接收。

（二）旅客晚到的情况

航班关闭后，可为晚到旅客改签后续航班。

如果旅客提出退票，有条件的机场可直接为旅客取消座位，或让旅客联系销售单位取消座位并申请退票。

如果无法执行改签操作，遇到需要特殊处理的情况，要做好记录，并将系统问题的情况向相关部门反映。

（三）逾重行李的处理

如果旅客行李逾重，请旅客到收款柜台交付逾重行李运费。

行李逾重的旅客凭"行李提取凭证"到收款处交超重费，再回柜台领取登机牌，值机员在收取逾重行李票的承运人联后，为旅客打印登机牌。

如果逾重旅客的行李是几个人一起合并计算的，值机员需在行李提取凭证上注明人数。

（四）行李托运特殊情况处理

如果旅客托运行李的质量或体积超过航空公司规定的标准，应请旅客将行李运到航空货运部门作为货物运输。

如果旅客行李内有不符合运输规定的物品，应要求旅客将物品取出方可收运。

如果旅客托运的行李属于以下情况——易碎物品、行李有破损、无锁或锁已失效等，应拴挂免除责任行李牌，请旅客在免除责任行李牌上签名后，将行李牌拴挂在旅客的行李上。

小动物在指定柜台运输。收运小动物要检查小动物的免疫证明，符合条件，才可以收运。装运小动物的容器应符合下列要求。

①能防止小动物破坏、逃逸以及将身体某部分伸出容器损伤人员、行李、货物或飞机。

②能保证小动物站立和适当活动，保证空气流通，不致使小动物窒息。

③能防止粪便渗溢，以免污染飞机、机上设备及其他物品。

旅客领取登机牌后，如果要求补办行李托运，应核查旅客证件及登机牌，并将行李件数和质量输入离港系统。

（五）旅客无法通过安检的情况

如旅客无法通过安检被拒绝乘机，应根据收回的登机牌，将该旅客记录从离港系统中删除。如果该旅客有托运行李，应通知值班主任联系装卸部门将其行李卸下飞机。

课堂研讨

如果旅客乘坐的航班在起飞前45分钟停止了乘机手续的办理，但是起飞前半小时突然接到机场流量管控的通知，飞机起飞时间延误，延误时间不定，请分组讨论未办理乘机手续的晚到旅客是否能赶上这趟航班？

任务工单 ▼

民航服务基本技能任务工单				
项目	值机服务			
任务	乘机手续办理			
负责导师			截止日期	
任务描述	本工单依据民航服务的典型工作任务制定，主要面向民航服务岗位，增进学生对乘机手续办理的了解，掌握乘机手续办理的要点，能够为旅客提供座位选择服务以及行李托运服务，同时在报载、特殊情况处理岗位提供相关的乘机手续办理服务。			
任务目标	目标	能够为旅客提供座位选择、行李托运相关服务，同时完成报载、特殊情况处理工作。		
	关键成果	1. 能满足不同旅客对座位的需求。		
		2. 能帮助旅客办理行李托运。		
		3. 能为晚到旅客提供值机和托运服务。		
		4. 能够完成报载及特殊值机情况处理工作。		
任务重点	1. 牢记值机员该有的责任和担当。 2. 能够为旅客选择合适的座位。 3. 能够为旅客办理行李托运。 4. 能够完成报载及特殊值机情况处理工作。			
主要内容	①理解乘机手续办理工作要求。	②为旅客提供选座服务。	③为旅客打印登机牌。	④为旅客办理行李托运。
	⑤为旅客拴挂行李条并进行安全提示。	⑥完成报载工作。	⑦完成特殊值机情况处理工作。	
	任务难度	□简单	□一般	□偏难　　□困难

续表

完成确认	序号	检查事项	组长签字
	1	任务要求是否明确？	
	2	能否快速按旅客要求帮其选座位？	
	3	能否使用离港系统办理乘机手续？	
	4	能否提供行李托运服务？	
	5	是否熟悉并掌握离港系统的指令？	
	6	能否在规定的时间内完成报载工作？	
	7	能否处理特殊的值机情况？	
	8	是否达到学习要求？	

注意事项：
1. 请严格按照工单内容要求进行项目实践，不得随意更改流程。
2. 在完成任务后，请进行自检，完成请打√。

教师签字：

拓展训练▼

　　情境：陈先生为自己和妻子以及9岁的女儿购买了从成都飞往广州的机票，准备去广州游玩。由于是家庭旅行，行李较多，女儿第一次坐飞机，且陈先生非常害怕不能顺利完成乘机手续的办理。

　　根据上述情境，分小组采用角色扮演法完成此次乘机手续办理的模拟演练。

　　（1）将全班同学分成若干组，每组5~8人。

　　（2）每组成员选定角色，使用登机牌、行李箱和行李条等开展乘机手续的办理活动。

自我评价▼

项目六

安检服务

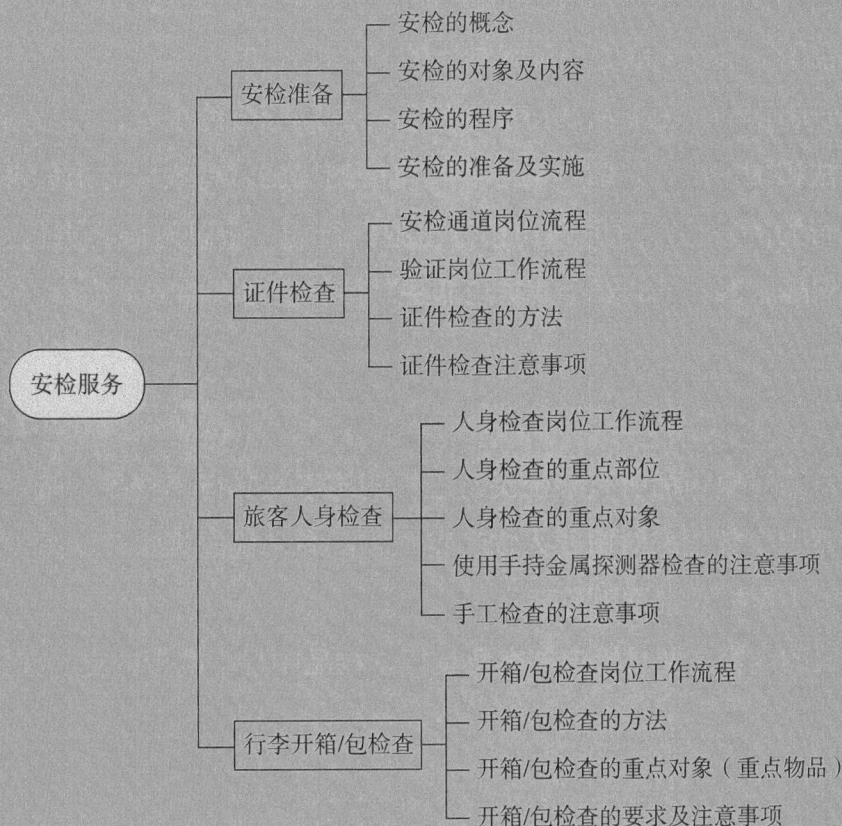

核心目标

>>> 职业能力

1. 掌握安检的程序、安检准备及实施。

2. 掌握证件检查的程序、方法及注意事项。

3. 掌握人身检查的重点部位及重点人身检查对象，并了解人身检查的注意事项。

4. 了解开箱 / 包检查的流程，掌握开箱 / 包检查的要求及注意事项。

>>> 职业素养

1. 具备强烈的大局意识和政治意识。

2. 具备风险忧患意识，具备在证件检查岗位、人身检查岗位、开箱 / 包检查岗位的应急处置能力。

3. 具备危机意识和"安全责任重于泰山"的责任意识。

4. 具备优质的文明服务意识，文明执勤、热情服务。

```
                          ┌─ 安检的概念
                 安检准备 ─┤─ 安检的对象及内容
                          ├─ 安检的程序
                          └─ 安检的准备及实施

                          ┌─ 安检通道岗位流程
                 证件检查 ─┤─ 验证岗位工作流程
                          ├─ 证件检查的方法
                          └─ 证件检查注意事项

安检服务 ─┤                 ┌─ 人身检查岗位工作流程
                          ├─ 人身检查的重点部位
              旅客人身检查 ─┤─ 人身检查的重点对象
                          ├─ 使用手持金属探测器检查的注意事项
                          └─ 手工检查的注意事项

                          ┌─ 开箱/包检查岗位工作流程
            行李开箱/包检查 ─┤─ 开箱/包检查的方法
                          ├─ 开箱/包检查的重点对象（重点物品）
                          └─ 开箱/包检查的要求及注意事项
```

任务一
安检准备

任务描述 ▼

　　康康作为一名刚接触民航安检基础知识的新生，对民航安全检查岗位以及各岗位具体操作流程和技能了解不多，我们需要带康康同学去了解民航安检服务。什么是安检服务？民航安检在整个民航运输链条中扮演了什么角色呢？

知识准备 ▼

一、安检的概念

　　民航安全技术检查简称民航安全检查或民航安检，是指在民航机场实施的以防止劫（炸）飞机和其他危害航空安全事件的发生，保障旅客、机组人员和航空器安全所采取的一种强制性的技术性检查。

　　关于制止和防范非法劫持航空器行为的国际公约规定，凡缔约国都应根据国际法和国内法，采取一切必要和可能的措施，有效地防止危害航空安全的非法行为的发生，严厉惩罚和打击犯罪行为。所以对旅客进行安全检查，是为了保障旅客本身的安全，防止非法劫持航空器事件的发生。

二、安检的对象及内容

　　安检的对象包括所有乘坐民航班机的旅客及其行李物品、航空货物和邮件。世界上少数国家对重要人物和特殊物品有免检的规定，我国也有免检的规定，但不得扩大其适用范围。

　　安检的内容主要是检查旅客及其行李物品中是否携带枪支、弹药、易爆、腐蚀、有毒、放射性等危险物品及违禁物品，以确保航空器及旅客的安全。安全检查必须在旅客登机前进行，拒绝检查者不准登机，损失自负。

三、安检的程序

①旅客进入安检通道后，应将有效身份证件、机票、登机牌交给安检人员查验。安检人员查验无误后在登机牌上加盖安检验讫章。

②旅客到达安检通道前传位置，将手提行李与身上的小件金属物品放置在 X 射线机传送带上并过机检查。

③按照前传检查员的指引，旅客通过金属探测门并接受人身检查。

④如手提行李需要开箱 / 包检查，旅客应配合安检人员检查。

四、安检的准备及实施

为使安检达到预期效果，必须做好充分准备，即思想和业务上的准备。思想上的准备，主要是发动群众，开展群众性的自检自查。通过自检，尽早发现隐患，形成自检自改、边查边改的局面。业务上的准备主要包括如下方面。

①确定检查目的、步骤、方法，建立检查组织，抽调检查人员，安排检查日程。

②针对检查的项目内容，有针对性地学习相关法规、政策、技术、业务知识，提高检查人员的法规、政策、技术和业务水平。

③分析过去几年（一般是近 5～10 年）所发生的各种事故（含无伤害的险肇事故、损失较小的事故）的资料，并根据实际需要准备一些表格、卡片，记录曾发生的事故的次数、部门、类型、伤害性质、伤害程度以及发生事故的主要原因和采取的防护、防范措施等，以提示检查人员注意。

④事先拟定安全检查表，以便逐项检查，做好记录，防止遗漏要检查的项目内容。从实际出发，分清主次，力求检查取得实效。

⑤各岗位人员应按时到达工作现场，做好工作前的准备。检查仪器、设备、系统是否处于正常工作状态；办理交接班手续，包括上级的文件、指示，执勤中遇到的问题及处理结果，设备使用情况，遗留问题及需要注意的事项，等等。

课堂研讨

旅客安全检查的主要流程是什么？

任务工单▼

民航服务基本技能任务工单				
项目	安检服务			
任务	安检准备			
负责导师			截止日期	
任务描述	本工单依据民航服务的典型工作任务制定，主要面向民航服务岗位，增进学生对安检准备工作的了解，掌握安检的对象、内容、程序。			
任务目标	目标	掌握安检的程序。		
	关键成果	1. 了解并能说出安检的对象及内容。		
		2. 能快速说出安检的程序。		
		3. 能说出安检准备工作的内容。		
任务重点	1. 掌握安检的对象及内容。 2. 能说出安检的程序。			
主要内容	①能够说出安检的概念。	②知道安检的对象。	③能够完整说出安检的内容。	④分小组模拟安检的程序。	⑤用表格、卡片等方式收集并分析过去几年（近5~10年）所发生的各种民航安全事故的资料。
任务难度	□简单		□一般		□偏难	□困难
完成确认	序号	检查事项		组长签字
	1	任务要求是否明确？		
	2	能否完整说出安检的内容？		
	3	小组模拟安检的程序的效果是否达到实际工作要求？		
	4	事故资料的收集是否达到要求？		
	5	是否达到学习要求？		

注意事项：
1. 请严格按照工单内容要求进行项目实践，不得随意更改流程。
2. 在完成任务后，请进行自检，完成请打√。

教师签字：

拓展训练▼

什么是民航安检？

自我评价▼

任务二
证件检查

任务描述▼

某机场安检员在安检现场执行证件检查任务时，发现一名旅客所持军官证与常规军官证存在差异。在询问该旅客问题时，安检员发现该旅客神情慌张、面对问题含糊其词，立即上报现场值班班长。经现场值班班长进一步核验信息，发现该旅客所持军官证疑似伪造，便立即将该旅客和军官证移交至机场公安机关调查处理。

请各位同学思考：证件检查的流程是什么？安检员使用了证件检查中的哪些方法？

知识准备▼

一、安检通道岗位流程

在旅客安全检查现场，证件检查是旅客接受的第一项检查，图6-1所示为安检模拟通道方位图。

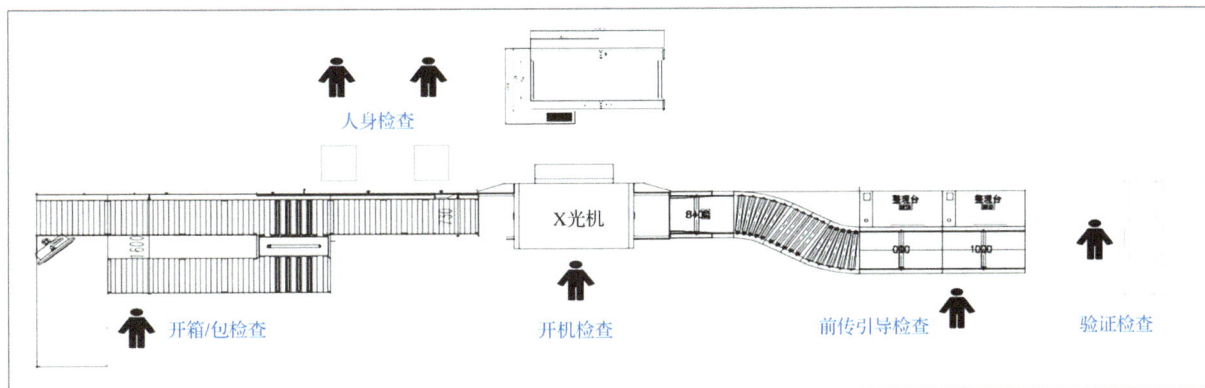

图6-1 安检模拟通道方位图

二、验证岗位工作流程

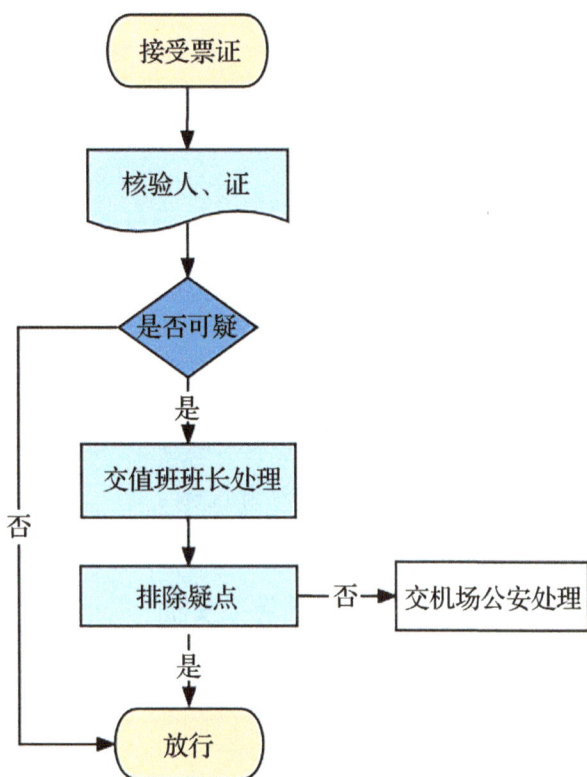

接受票证

核验人、证

是否可疑

交值班班长处理

排除疑点 —否→ 交机场公安处理

否

是

是

放行

图 6-2　验证岗位工作流程

图 6-2 为验证岗位工作流程。

①问候用语。当旅客到达验证台时，验证员应首先向旅客问好："您好！请出示您的有效乘机证件、登机牌。"

②接受票证。验证员每次只能接受一名成人旅客的票证。遇到家庭和团队旅客时，要请其他同行旅客暂时退出"一米黄线"候检，做到一人一牌一证过检。

③检查证件。检查乘机证件的真假、乘机证件是否在有效期内。

④人证核对。核对乘机证件与持证人是否相符、乘机证件与登机牌上的姓名是否一致、登机牌相关信息是否正确等。

⑤录入信息并盖章。将登机牌信息和旅客信息录入安检信息管理系统，以备查用。查验无误后，按规定在登机牌上加盖验讫章。

⑥票证整理。将旅客的票证整理整齐，双手将证件、登机牌、客票递还给旅客，并目视旅客道谢。

三、证件检查的方法

检查证件时应采取检查、观察和询问相结合的方法，具体为一看、二对、三问。

一看。就是对证件进行检查，要注意甄别证件的真伪，认真查验证件的外观式样、规格、塑封、暗记、照片、印章、颜色、字体、编号、有效期限等主要识别特征是否与规定相符，有无伪造等疑点。注意查验证件是否过期。

二对。就是观察、辨别持证人与证件照片的性别、年龄、相貌特征是否吻合，有无疑点。

三问。就是对有疑点的证件，通过简单询问其姓名、年龄、出生日期、生肖、单位、住址等，进一步加以核实。

四、证件检查注意事项

①检查中要注意看证件上的有关项目是否有涂改的痕迹。

②检查中要注意观察是否有冒名顶替的情况，注意观察持证人的外貌特征是否与证件上的照片相符。发现有可疑情况，应对持证人仔细查问。

③检查证件时要注意方法，要做到自然大方、态度和蔼、语言得体，以免引起旅客反感。

④注意观察旅客穿戴有无异常，如戴墨镜、戴围巾、戴口罩、戴帽子等，应让其取下，以便准确核对。

⑤应注意工作秩序，集中精力，防止漏验证件或漏盖验讫章。

⑥检查中要注意发现通缉、查控对象。

⑦检查中发现疑点时，要慎重处理，及时报告。

⑧根据机场流量、工作标准以及验证、前传、引导、人身检查岗位的要求适时验放旅客。

> **课堂研讨**
>
> 验证员在岗位上遇到冒用他人身份证等证件时，应该如何判定并处理？

任务工单▼

民航服务基本技能任务工单			
项目	安检服务		
任务	证件检查		
负责导师		截止日期	
任务描述	本工单依据民航服务的典型工作任务制定，主要面向民航服务岗位，增进学生对安检证件检查工作的了解，掌握验证岗位工作流程、证件检查的方法以及注意事项。		
任务目标	目标	掌握验证岗位工作流程。	
	关键成果	1. 了解并能说出验证岗位工作流程。	
		2. 能快速说出证件检查的方法。	
		3. 能说出证件检查注意事项。	
任务重点	1. 掌握验证岗位工作流程。 2. 能说出证件检查的方法及注意事项。		

续表

主要内容	①能够说出验证岗位在安检通道岗位流程中的位置及作用。	②能够展示验证岗位完整工作流程。	③掌握证件检查的方法。	④能够完整说出证件检查注意事项。	
任务难度		□简单	□一般	□偏难	□困难
完成确认	序号	检查事项			组长签字
	1	任务要求是否明确？			
	2	能否说出验证岗位在安检通道岗位流程中的位置及作用？			
	3	验证岗位工作流程的展示效果是否达到实际工作要求？			
	4	证件检查的方法是否正确？			
	5	能否完整说出证件检查注意事项？			

注意事项：
1. 请严格按照工单内容要求进行项目实践，不得随意更改流程。
2. 在完成任务后，请进行自检，完成请打√。

教师签字：

拓展训练▼

1. 检查证件时应采取 _____ 、 _____ 和 _____ 相结合的方法，具体为 _____ 、 _____ 、 _____ 。

2. 简述验证岗位人员执勤时的注意事项。

自我评价▼

任务三
旅客人身检查

任务描述▼

小王是某机场安检部门人身检查员。某日，他在岗位上对一名男性旅客进行人身检查，当检查到这名旅客的左大臂外侧时，该旅客故意转动身体，企图逃过小王对这个部位的检查，同时不断催促小王加快检查速度。这个行为引起了小王的注意，他坚持按照人身检查的程序继续对该名旅客进行检查。在检查到该名旅客左手腕时，发现其手腕处戴着黑色手链。手链是用粗线编织的，小王仔细检查发现该手链打开后为镁棒打火装置。[①]

作为一名民航安检人员，旅客的哪些行为是反常的，需要我们进行重点检查呢？重点检查的部位又有哪些呢？

知识准备▼

一、人身检查岗位工作流程

人身检查通常有仪器检查和手工检查两种方式。仪器检查是指安检人员按规定的方法采用金属探测门（安全门）、手持金属探测器对旅客实施检查；手工检查是指安检人员按规定的方法和程序对旅客身体进行检查，以确认是否携带危险品、违禁品。

人身检查岗位工作流程如图6-3所示。

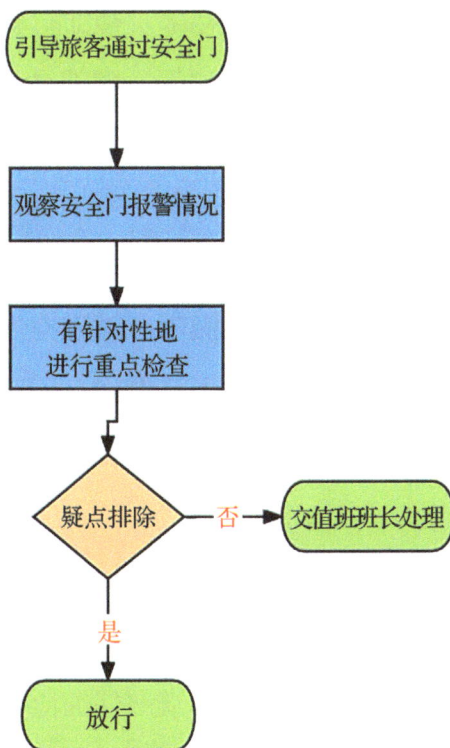

图6-3 人身检查岗位工作流程

---

① 资料来源：中国民航网，内容有改动。

二、人身检查的重点部位

在对旅客进行人身检查时，应重点检查容易藏匿武器、管制刀具等违禁物品的部位，以达到准确、有效的检查效果。

人身检查的重点部位如下。

①头部。头部容易被人忽视，但又是不法分子可能利用的部位，如在头发（或假发）中隐藏雷管、子弹等小件物品。对戴在头上的帽子、围（头）巾等，都要进行严格检查。

②肩胛。肩胛部位可用于捆绑或粘贴较大一点的违禁物品，如手枪、匕首等。

③胸部。胸部容易藏匿手枪、匕首、炸药等危险品，特别是女性，可利用生理特点藏匿毒品、伪钞、炸药等违禁或危险物品。

④手部（手腕）。手部的指缝容易藏匿类似子弹等小型违禁品；手腕佩戴的饰品也要重点检查，可能会是伪装成生活物品的违禁品。

⑤臀部。特别是臀部下部，容易被用来藏匿违禁物品。

⑥腋下。腋下是容易藏匿危险品的部位，应特别注意仔细检查。

⑦裆部。裆部隐藏危险品、毒品的情况较多。

⑧腰部。腰部是容易被利用的部位，能隐藏相对大型的武器，必须从严检查。比如，检查皮带时，应结合手持金属探测器的报警情况，确定重点位置并采取摸、捏、掂的方式绕皮带一周进行检查，必要时要请旅客解下过 X 射线机检查。

⑨腹部。腹部空间较大，易藏匿相对大型的危险品和较多的违禁品，从外表上不易看出，须通过摸、按、压等方法从严检查。

⑩ 脚部。脚部容易藏匿枪支、炸药、子弹、刀具等。

三、人身检查的重点对象

对旅客进行人身检查时，有下列情况之一者，应列为重点检查对象，要特别注意从严仔细检查。

①精神恐慌、言行可疑、伪装镇静者。

②冒充熟人，假献殷勤、接受检查过于热情者。

③表现不耐烦、催促检查或者言行蛮横、不愿接受检查者。

④窥视检查现场、探听安全检查情况等行为异常者。

⑤本次航班已经开始登机，匆忙赶到安检现场者。

⑥公安部门、安检护卫部门掌握的嫌疑人和群众提供的有可疑言行的旅客。

⑦上级或有关部门通报的来自恐怖活动频繁的国家和地区的人员。

⑧着装与其身份不相符或不合时令者。

⑨男性青壮年旅客。

⑩根据空防安全形势有必要采取特别安全措施航线的旅客。

⑪ 有国家保卫对象乘坐航班的其他旅客。

⑫ 检查中发现的其他可疑者。

四、使用手持金属探测器检查的注意事项

①有些违禁品具有隐匿性质，或旅客为了带入隔离区故意藏匿在身上（特别是重点部位），因此，人身检查员对旅客身上检查出来的每一件物品都要逐一排查是否为违禁品，经确认无误后再归还给旅客。

②检查中，贵重物品应让旅客自己拿好，以防遗失或损坏。

③对带有心脏起搏器的旅客的胸部要用手工检查，其他部位可用手持金属探测器检查。

④使用手持金属探测器时要掌握一定的距离，不要用探测器使劲刮擦旅客身体、衣服，应该轻轻贴近、移动检查。

⑤女性旅客应由女检查员进行检查。

五、手工检查的注意事项

①冬季着装较多时，可请旅客解开外衣，对外衣也必须进行认真的检查。

②在检查时，人身检查员双手掌心要切实接触旅客身体和衣服，因为手掌心面积大且触觉敏锐，能够及时发现藏匿的物品。

③不可只检查上半身不检查下半身，特别要注意检查重点部位。

> **课堂研讨**
>
> 遇见旅客不愿配合人身检查时，该如何处理？

④对旅客从身上掏出的物品，应仔细检查，防止夹带危险或违禁物品。

⑤检查过程中要不间断地观察旅客的表情，防止发生意外。

⑥对女性旅客实施检查时，必须由女检查员进行。

任务工单▼

民航服务基本技能任务工单				
项目	安检服务			
任务	旅客人身检查			
负责导师			截止日期	
任务描述	本工单依据民航服务的典型工作任务制定，主要面向民航服务岗位，增进学生对旅客人身检查的了解，掌握人身检查岗位工作流程、人身检查的重点部位、人身检查的重点对象以及人身检查的注意事项。			
任务目标	目标	掌握人身检查岗位工作流程。		
	关键成果	1. 了解并能说出人身检查岗位工作流程。		
		2. 能快速说出人身检查的重点部位。		
		3. 能说出人身检查的重点对象以及人身检查的注意事项。		
任务重点	1. 掌握人身检查岗位工作流程。 2. 能说出人身检查的重点部位。 3. 能判断是否为人身检查的重点对象。			
主要内容	①能够说出人身检查岗位的工作流程。	②能够说出人身检查的重点部位。	③通过情景模拟，能够识别人身检查的重点对象，并能够处理相关情况。	④能够说出使用手持金属探测器检查的注意事项。	⑤能够说出手工检查的注意事项。
任务难度		□简单	□一般	□偏难	□困难
完成确认	序号	检查事项		组长签字
	1	任务要求是否明确？		
	2	能否正确说出人身检查岗位的工作流程？		
	3	能否完整说出人身检查的重点部位？		
	4	通过情景模拟，能否正确对人身检查的重点对象进行检查？		
	5	是否达到学习要求？		

注意事项：
1. 请严格按照工单内容要求进行项目实践，不得随意更改流程。
2. 在完成任务后，请进行自检，完成请打√。

教师签字：

拓展训练▼

1. 人身检查的重点部位有哪些？

2. 人身检查的注意事项有哪些？

自我评价▼

任务四
行李开箱 / 包检查

任务描述▼

　　小陈是某机场安检员，某日在安检通道开箱 / 包检查岗位执勤时，接到 X 射线机操作员的指令开检旅客王女士行李箱内的一瓶液体。接到指令后，当王女士还在接受人身检查未到开包台时，小陈就打开了王女士的行李箱取出液体并进行检查。小陈在拧开液体瓶盖时，瓶内的液体突然喷出，溅到了小陈自己、旅客王女士、安检设备上，此时他才知道开检的是一瓶米酒。王女士当场表示要投诉安检员小陈。

　　请同学们思考，小陈在开箱 / 包检查的流程中有哪些错误，开检的方法是否正确。

知识准备▼

一、开箱 / 包检查岗位工作流程

　　①在岗位执勤时，若没有接到 X 射线机操作员的开检指令，开箱 / 包检查员应协助 X 射线机操作员快速将已通过检查的旅客的随身行李梳理到开包检查台后方，避免过检箱 / 包被挤压或倒下。

　　②当接到安检通道 X 射线机操作员的开检指令时，应协助旅客将需要开检的行李提到开包台上。

　　③仔细倾听 X 射线机操作员的开检要求，并观察荧光屏图像。

　　④若物主还在接受人身检查未到达开包台，开箱 / 包检查员应控制住需开检的箱 / 包，待物主到达后方可对箱 / 包实施检查。

⑤物主到达开包台后应核对旅客身份信息，确认其是需要开检箱 / 包的物主。

⑥请物主自行打开箱 / 包，开箱 / 包检查员参照 X 射线成像图的形状、颜色、位置，对箱 / 包进行检查，直至排除疑点。

⑦协助物主复原箱 / 包，并将箱 / 包移送 X 射线机复查。

⑧检查完毕后提醒物主携带好随身物品（如登机牌、身份证、手机、眼镜等），防止其离开时遗留物品。

⑨遇有过检人员携带不愿意接受 X 射线机检查的物品，应进行手工检查。

二、开箱 / 包检查的方法

检查过程中，一般通过人的眼、耳、鼻、手等进行检查，开箱 / 包检查员应根据物品种类采取相应的方法（看、听、嗅、摸、拆、掂、捏、探、摇）进行检查。

以上方法不一定单独使用，常常是几种方法结合起来，以便准确、快速地进行检查。

三、开箱 / 包检查的重点对象（重点物品）

①用 X 射线机检查时，图像模糊不清无法判断物品性质的。

②用 X 射线机检查时，发现疑似有电池、导线、钟表、粉末状、液体状及其他可疑物品的。

③ X 射线机图像中显示有容器、仪表、瓷器等物品的。

④照相机、收音机、录音录像机及电子计算机等电器。

⑤旅客特别小心或时刻不离身的物品。

⑥旅客携带的物品与其职业、事由和季节不相适应的。

⑦旅客声称是帮他人携带或来历不明的物品。

⑧旅客声明不能用 X 射线机检查的物品。

⑨现场表现异常的旅客或群众揭发的嫌疑分子所携带的物品。

⑩公安部门通报的嫌疑分子或被列入查控的人所携带的物品。

⑪旅客携带的密码箱进入检查区域时出现报警的。

四、开箱／包检查的要求及注意事项

①开箱／包检查时，物主必须在场，并请物主将箱／包打开。

②检查时要认真细心，特别要注意重点部位，如箱／包的底部、角部、外侧小兜，并注意查看有无夹层。

③没有进行托运行李流程查验的要加强监控措施，防止已查验的行李箱／包与未经安检的行李箱／包调换、夹塞违禁或危险物品。

④对旅客的物品要轻拿轻放，如有损坏，应照价赔偿。检查完毕，应尽量按原样放好。

课堂研讨

开箱包检查员在岗位上查获枪支、弹药、危化品时，应该如何操作？

⑤开箱／包检查发现危害大的违禁物品时，应采取措施控制住携带者，防止其逃离现场，并将箱／包重新经X射线机检查，以查清是否藏有其他违禁或危险物品，必要时将其带入检查室清查。

⑥若旅客申明所携带物品不宜接受公开检查时，安检部门可根据实际情况避免在公开场合检查。

⑦对开箱／包的行李必须再次经过X射线机检查。

任务工单▼

民航服务基本技能任务工单		
项目	安检服务	
任务	行李开箱／包检查	
负责导师		截止日期
任务描述	本工单依据民航服务的典型工作任务制定，主要面向民航服务岗位，增进学生对行李开箱／包检查的了解，掌握开箱／包检查岗位工作流程、开箱／包检查的方法、开箱／包检查的重点对象（重点物品）及注意事项。	
任务目标	目标	掌握行李箱／包检查岗位工作流程。
	关键成果	1. 了解并能说出行李开箱／包检查岗位工作流程。
		2. 能快速说出开箱／包检查的方法。
		3. 能说出开箱／包检查的重点对象（重点物品）及注意事项。
任务重点	1. 掌握行李开箱／包检查岗位工作流程。 2. 能根据开箱／包检查的方法，检查不同种类的物品。 3. 开箱／包检查过程中，能够有效识别检查的重点对象（重点物品）。	

续表

主要内容	①能够说出行李开箱/包检查岗位工作流程。	②能够说出开箱/包检查的方法。	③通过情景模拟，能够正确进行开箱/包检查。	④知道开箱/包的行李要再次经过X射线机检查。
任务难度	□简单	□一般	□偏难	□困难
完成确认	序号	检查事项		组长签字
	1	任务要求是否明确？		
	2	能否正确说出行李开箱/包检查岗位工作流程？		
	3	能否完整说出开箱/包检查的方法？		
	4	开箱/包检查的方法是否正确？		
	5	是否知道开箱/包的行李必须再次经过X射线机检查？		

注意事项：
1. 请严格按照工单内容要求进行项目实践，不得随意更改流程。
2. 在完成任务后，请进行自检，完成请打√。

教师签字：

拓展训练▼

1. 行李开箱/包检查员在岗位上发现一名老人将水果刀藏在雨伞里，该如何操作？

2. 如何有效避免开箱/包过程中违禁品被转移？

自我评价▼

項目七

机场 VIP 服务

✈ 核心目标

>>> 职业能力

1. 明确在机场 VIP 服务过程中工作人员需要具备的职业道德素质。

2. 了解机场 VIP 服务的程序和操作规范要求。

>>> 职业素养

1. 树立"便捷、舒适、专业"的服务目标。

2. 具备高瞻远瞩的长远发展眼光和大局意识。

3. 培养求真务实、开拓创新的职业精神。

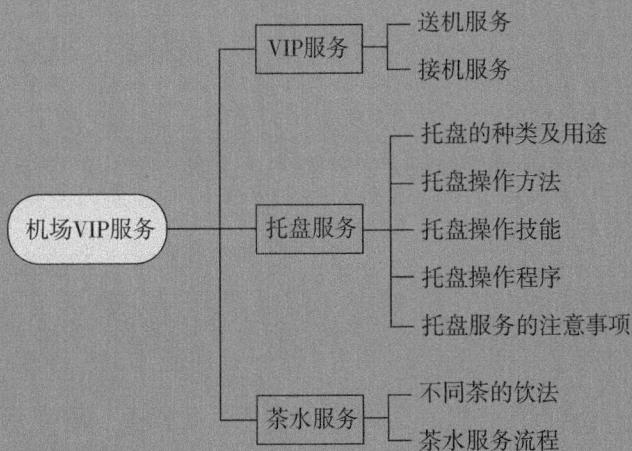

机场VIP服务 ─┬─ VIP服务 ─┬─ 送机服务
             │   └─ 接机服务
             │
             ├─ 托盘服务 ─┬─ 托盘的种类及用途
             │   ├─ 托盘操作方法
             │   ├─ 托盘操作技能
             │   ├─ 托盘操作程序
             │   └─ 托盘服务的注意事项
             │
             └─ 茶水服务 ─┬─ 不同茶的饮法
                         └─ 茶水服务流程

任务一
VIP 服务

任务描述▼

你知道什么是机场VIP服务吗？你知道机场VIP服务流程是怎样的吗？如果现在你还不是很了解也没关系，我们将逐一了解和熟悉机场VIP服务工作中的主要流程及其对工作人员的基本从业要求。

知识准备▼

机场贵宾（very important person，VIP）服务，是指为重要人士提供机场全程引导、协办登机手续和机场贵宾候机厅服务等。机场贵宾服务主要分为送机与接机两类。

机场贵宾服务是机场服务的重要内容，因此，要在工作中熟练掌握程序以提高贵宾的满意度。其基本流程如下。

一、送机服务

①预约服务。提前确定贵宾的姓名、性别、数量、航班号以及出发日期。

②迎接服务。在贵宾休息室中致意问候之后，主动帮助其存放行李，带入贵宾座位后提供饮料等。如果贵宾没有办理乘机手续，询问后帮助其办理。告知贵宾休息室中设施的位置及登机时间，并在后续主动服务。

③接待服务。

④送机服务。到达登机时间，帮助预约机场摆渡车，送其至主登机口，帮助确认行李数量并提运上机。

课堂研讨

小组讨论机场VIP服务流程。

二、接机服务

①预约。在航班到达之前确认贵宾的姓名、性别、人数、航班号及到达时间，并提前 10 分钟到达等待。

②迎接。到登机口并选择适当的位置等待，确认贵宾后帮助其提拿行李。

③接待。接待好贵宾之后进行简单的人文关怀，询问其是否需要其他服务。

④帮助其办理相关手续。如果贵宾需要转机，帮助其更换转机登机牌；如果贵宾已到达目的地，帮助其提取托运的行李。

⑤送别。将贵宾送至下一程飞机的登机口，或是接待车辆上，然后礼貌送别，目送其离去后方可转身离开。

任务工单▼

民航服务基本技能任务工单				
项目	机场 VIP 服务			
任务	VIP 服务			
负责导师		截止日期		
任务描述	本工单依据民航服务的典型工作任务制定，主要面向民航服务岗位，增进学生对机场 VIP 服务含义和服务流程的了解，为提供贵宾服务奠定基础。			
任务目标	目标	掌握机场 VIP 服务流程。		
	关键成果	1. 了解送机服务。		
		2. 了解接机服务。		
任务重点	1. 掌握机场 VIP 服务流程。 2. 了解送机服务和接机服务。			
主要内容	①掌握机场贵宾服务的概念。	②掌握机场贵宾服务的种类。		③进行现场模拟训练。
任务难度	□简单	□一般	□偏难	□困难
完成确认	序号	检查事项		组长签字
	1	任务要求是否明确？		
	2	是否掌握机场贵宾服务的种类？		
	3	能否顺利进行现场模拟训练？		

续表

注意事项：
1. 请严格按照工单内容要求进行项目实践，不得随意更改流程。
2. 在完成任务后，请进行自检，完成请打√。

教师签字：

拓展训练▼

简述机场贵宾服务的流程。

自我评价▼

任务二
托盘服务

任务描述▼

托盘服务技能是机场民航服务人员在工作中必须掌握的。在 VIP 服务过程中，无论是摆、换、撤餐具和酒具，还是上菜、运送饮料等，都必须根据不同的物品使用不同规格的托盘。要如何规范使用且操作好托盘呢？我们一起来探索吧。

知识准备▼

托盘是民航服务人员在摆台、提供酒水服务、收台整理时必用的服务工具。使用托盘有利于提高服务质量与服务效率，体现民航服务人员文明操作、卫生操作的规范性。

一、托盘的种类及用途

（一）托盘的种类

按材料、质地分类：有胶木、金属、搪瓷、木制等。

按形状、规格分类：有大、中、小三种规格的长方形和圆形托盘。

（二）托盘的用途

长方形托盘：大、中长方形托盘一般用于运送菜肴、回收盘碟等。

圆形托盘：用于摆、换、撤餐具、酒具及斟酒、分菜、送咖啡等。

二、托盘操作方法

①轻托。

轻托是指在服务工作中使用大小合适的托盘，在上菜、斟酒、收餐具时所用的一种方法，因所托物品较轻，一般在 5 千克以内，故称轻托。

②重托。

重托是指在服务工作中使用大型托盘，运送较重的菜品、酒水和盘碟等物品的方法，因所托物品较重，一般在 5 千克以上，故称重托。

三、托盘操作技能

第一，左手臂自然弯曲 90 度，掌心向上，五指分开稍弯曲，使掌心微呈凹形。

第二，用五指指端和手掌根部六个着力点托住托盘底部，利用五指的弹性控制盘面平稳。

第三，托盘平托于胸部以下，腰部以上，盘面重心稍向里侧，保持平衡，利用左手手腕灵活转向。

第四，遇到障碍物应及时里压外摆，躲闪避让。

四、托盘操作程序

①理盘。

将托盘洗净擦干，保持清洁无水迹；在盘内垫上专用垫布（切勿使用与旅客使用的毛巾、餐巾相似的垫布，以免旅客误会），垫布要用清水打湿、拧干、铺平拉挺，四边与盘底相齐。

②装盘。

根据物品的形状、质量、体积和使用的先后顺序，合理装盘；在几种物品一起装盘时，重物和高物在里面，轻物和矮物在外面，先取用物品在上、在前，后取用物品在下、在后。

③起托。

将托盘托起时，若是从一般的台面托起，先用双手将盘子一头拖至台面外，保持托盘边有 15 厘米在台面上，把左手掌张开，托在托盘底部，掌心位于托盘底部中间，右手握着托盘边；假如托盘较重，则先屈膝，双腿用力使托盘上升而不是直接用臂力，然后用手掌稳稳地托住盘底，调整好重心，松开右手放回身体右侧，身体呈站立姿势。

④行走。

行走时要仔细观察周围，以免发生碰撞，特别是进门时要小心。假如通过的门是右开的，则用左手托盘；假如门是左开的，则用右手托盘。这样使得空着的手易于开门，而且可保护托盘。但如果一只手托不动时，不可勉强。行走中如需急停，要学会消除惯性力。当人行走时，托盘及盘中物品已形成一股向前的惯性冲力，突然静止，则物品可能飞离托盘或使托盘失去平衡，因此要在急停时顺手向前略伸以便减速，另一只手及时相扶，使其稳住。

托盘行走的要求：上身挺直，略向前倾，视野开阔，动作敏捷，精力集中，步伐稳健，精神饱满。

托盘行走的六种常用步伐。

常步，即使用平常行进的步伐，要步距均匀，快慢适宜。

快步，步幅应稍大，步速稍快，上菜迟了会影响菜肴的风味。但不能跑，以免泼洒菜肴或影响菜肴造型。

碎步，就是小快步，步距小、步速快，主要适用于端汤。这种步伐可以保持上身平稳，避免汤汁溢出。另外，碎步在较滑的地面上行走不易滑倒。

垫步，当需要侧身通过时，右脚侧一步，左脚跟一步，一步紧跟一步。此种步伐常在穿行狭窄的过道时使用。

跑楼步，是端托盘上楼时所使用的一种特殊步伐。其要求是，身体略向前倾，重心前移，用较大的步距，一步跨两级台阶，一步紧跟一步，上楼速度要快而均匀，巧妙利用惯性，省时省力。此步伐用于托送菜品上楼梯。

巧步，托盘行走时，突然有宾客走来或遇到其他障碍物，需要临时停止或放慢脚步、灵活躲闪，避免发生冲撞。这种步伐还可用来防止运动中的盘面由于突然停止而使酒水、汤汁因惯性溢出。

⑤卸盘与落托。

托盘行走过程中，如果需要取用盘内物品，称为卸盘。卸盘时，用右手取走盘内所需物品，同时应注意盘内物品的变化，用左手手指的力量来调整托盘重心。应从前后左右交替使用盘内物品。

托盘行走过程中，如果需要将所托物品整个放到工作台面上，称为落托。落托时，应左脚向前，用右手协助左手把托盘小心地推至工作台面上，放稳后按照从内到外的顺序取用盘内物品。

五、托盘服务的注意事项

课堂研讨

请讨论托盘的种类及用途。

第一，装盘时，应根据相关要求依次将物品放入盘中。

第二，起托和托盘行走时，不可用拇指扣住盘边。

第三，任何时候，都不能拎着托盘行走，也不可玩或转托盘。

第四，在装无盖的食物、饮料时，要放在离头部远的一边，以免行走过程中落入头发。

第五，要注意靠右走，并注意前后左右的情况，行走时不得急停或突然转身。

任务工单▼

民航服务基本技能任务工单				
项目	机场 VIP 服务			
任务	托盘服务			
负责导师		截止日期		
任务描述	本工单依据民航服务的典型工作任务制定，主要面向民航服务岗位，增进学生对托盘服务的了解，掌握托盘的种类，为掌握托盘服务技能奠定基础。			
任务目标	目标	掌握托盘操作技能及程序。		
	关键成果	1. 了解托盘类型及用途。		
		2. 掌握托盘操作技能及程序。		
任务重点	1. 牢记托盘服务的重要性。 2. 掌握托盘操作技能及程序。			
主要内容	①理解托盘服务的重要性。	②掌握托盘的种类。	③进行市场调研，核验托盘种类有无变化。	
任务难度	□简单	□一般	□偏难	□困难
完成确认	序号	检查事项		组长签字
	1	任务要求是否明确？		
	2	能否准确说出托盘的种类？		
	3	市场调研的方案是否有可行性？		
	4	是否达到学习要求？		
注意事项： 1. 请严格按照工单内容要求进行项目实践，不得随意更改流程。 2. 在完成任务后，请进行自检，完成请打√。				

教师签字：

拓展训练▼

按照所学的托盘操作技巧，分小组进行现场模拟练习。

自我评价▼

任务三
茶水服务

任务描述 ▼

茶水服务作为民航服务人员在机场 VIP 服务中必须掌握的基本技能之一，直接体现了机场 VIP 服务的水平。要掌握好这项基本技能，必须先掌握不同茶的饮法。

知识准备 ▼

一、不同茶的饮法

（一）绿茶饮法

绿茶是很多人爱饮的茶，其饮法随不同茶品、不同地区而异。

高级绿茶（包括各种名茶），一般用透明的玻璃杯冲泡，以显示茶叶的品质和特色，便于观赏。普通绿茶，往往用瓷杯冲泡。瓷杯保温性能强于玻璃杯，容易使茶叶中的有效成分浸出，可以得到比较浓厚的茶汤。低级绿茶及绿茶末，多用壶饮法，以便于茶汤与茶渣分离，方便饮用。

（二）红茶饮法

从使用的茶具来分，大体可分为两种。一般来说，各类工夫红茶、小种红茶、袋泡红茶和速溶红茶等，大多用杯饮法。各类红碎茶及红茶片、红茶末等，为使冲泡过的茶汤与茶渣分离，便于饮用，习惯用壶饮法。

从茶汤中是否添加其他调味品来划分，可分为清饮法和调饮法两种。我国绝大部分地方饮红茶用清饮法，不在茶中添加其他调料。但在广东，有些地方要在红茶里加牛奶和糖，使营养更丰富，味道更好。在我国西藏、内蒙古，调饮法更为普遍，称为酥油茶、奶茶，但通常不放糖而是放盐。

（三）乌龙茶饮法

乌龙茶具有独特的花果香味，口感鲜爽。关于乌龙茶的饮法，可以根据口味进行调整，以下是常见的饮法。

首先，清洁茶具。将茶壶和茶杯用开水冲洗一遍，以确保茶的纯净度和干净卫生。然后，选用合适的器具。可以选择紫砂壶、玻璃茶具或白瓷茶具来冲泡乌龙茶，不同的器具会影响到茶汤的口感和香气表现。同时，要控制水温。乌龙茶适宜用 90～95 摄氏度的热水冲泡，水温过高会损害茶叶的香气和口感。一般情况下，乌龙茶的冲泡时间为 1～3 分钟，但具体时间要根据个人口感来定，民航服务人员可以根据旅客的喜好来调整。

乌龙茶适合多次冲泡，每次冲泡后的茶汤口感和香气都会有所不同，因此可以尝试多次冲泡，体验不同的茶汤风味。

总体来说，乌龙茶的饮法是灵活多样的。为旅客提供乌龙茶时，可根据旅客需要适当调整。

（四）花茶饮法

花茶，大多是选用芳香浓郁和经过精工细制的绿茶窨制而成，茶引花香。花茶中以茉莉花茶居多，也最受人们的喜爱。泡饮花茶多用瓷杯，取一撮花茶置于杯内，用沸水冲泡，加盖四五分钟后即可品饮。如饮茶人数较多，往往采用壶饮法，即将适量的花茶置于壶内，冲泡四五分钟后，倒入茶杯或茶碗中饮用。

花茶的饮法，与普通绿茶相仿，但需特别注意防止香气的散失。使用的茶具最好选用白瓷有盖茶杯，以衬托花茶固有的汤色，保持花茶的芳香。

二、茶水服务流程

（一）准备事项

1. 茶叶的准备

尽量多准备几种茶叶，使旅客可以有多种选择。上茶前，应先问一下旅客是喝茶还是其他饮料，如果喝茶是喝哪一种茶，并提供几种可能的选择。不要自以为是地为旅客提供茶水。如果只有一种茶叶，应事先向旅客说清楚。

2. 茶具的准备

在泡茶之前一定要把茶具洗干净，尤其是久置未用的茶具。在冲茶、倒茶之前最好用开水烫一下茶壶、茶杯。这样，既讲究卫生，又显得彬彬有礼。

3. 个人卫生准备

提供茶水服务之前，负责给旅客倒茶的服务人员要先检查自己的妆容，特别注意手部的清洁。试想一下，有谁愿意喝手部不太干净的人倒的茶水呢？

（二）服务流程

1. 问茶

先向旅客问茶，根据旅客的需求泡茶。

2. 倒茶

先说茶叶，茶叶不宜过多，也不宜太少。茶叶过多，茶味过浓；茶叶太少，冲出的茶水味道过淡。假如旅客主动介绍自己有喜欢喝浓茶或淡茶的习惯，应按照旅客的口味把茶冲好。无论是大杯还是小杯，都不宜倒得太满，太满了容易溢出，把桌子、凳子、地板弄湿，一不小心，还会烫伤自己或旅客。当然，也不宜倒得太少，一般以杯子的七八分满为宜。

3. 上茶

倒茶的时候应该先提示一下："为您奉茶。"以免旅客突然转身，使茶水洒一地。如果服务人员是女士，杯子的拿法应该是右上左下，即右手握着杯子的 1/2 处，左手托着杯子底部；如果是男士，则双手水平拱握着杯子的 1/2 处，递到旅客右手上方 5～10 厘米处。如果用有柄的杯子则将柄转至右侧，便于旅客取放。

4. 续茶

添水时，如果是有盖的杯子，则用右手中指和无名指将杯盖夹住，轻轻抬起。大拇指、食指和小拇指将杯子拿起，侧对旅客，用左手拿容器添水。同样递至旅客右手上方 5～10 厘米处，有柄的杯子则将柄转至右侧。

任务工单▼

民航服务基本技能任务工单		
项目	机场 VIP 服务	
任务	茶水服务	
负责导师		截止日期	

续表

任务描述	本工单依据民航服务的典型工作任务制定，主要面向民航服务岗位，增进学生对茶水服务的了解，掌握不同茶的饮法，为提供优质的民航服务奠定基础。		
任务目标	目标	掌握茶水服务流程。	
	关键成果	1. 了解不同茶的饮法。	
		2. 掌握茶水服务流程。	
任务重点	1. 了解不同茶的饮法。 2. 掌握茶水服务流程。		
主要内容	①了解不同茶的饮法。	②掌握茶水服务流程。	③进行市场调研，核验茶叶种类和饮法有无变化。
任务难度	□简单	□一般	□偏难　　　□困难
完成确认	序号	检查事项	组长签字
	1	任务要求是否明确？	
	2	是否掌握茶水服务流程？	
	3	市场调研的方案是否有可行性？	
	4	是否达到学习要求？	

注意事项：
1. 请严格按照工单内容要求进行项目实践，不得随意更改流程。
2. 在完成任务后，请进行自检，完成请打√。

教师签字：

拓展训练▼

　　在某机场贵宾候机室，旅客王先生夫妇落座后，民航服务员小李心不在焉地在两位旅客面前的茶几上摆上茶杯，然后从茶叶筒里取出茶叶，依次放入两个杯子里，再用暖水瓶往杯子里倒水。倒完水之后，小李对王先生夫妇说："先生、女士，请用茶。"

　　思考：小李在服务中存在什么问题？

自我评价▼

项目八

客舱服务

核心目标

>>> 职业能力

1. 掌握客舱服务的基本内容。

2. 掌握客舱服务中四个阶段的工作程序。

3. 具备良好的客舱服务流程执行能力、客舱服务设备的操作能力等多种岗位工作能力。

4. 掌握航空安全员执勤流程。

>>> 职业素养

1. 树立真情服务意识，在民航客舱传播人文情怀，传递文化力量。

2. 具有良好的职业道德和较强的工作责任心。

3. 具有较强的自主学习能力和知识应用能力。

4. 树立良好的规章意识，敬畏职责、敬畏规章、敬畏生命。

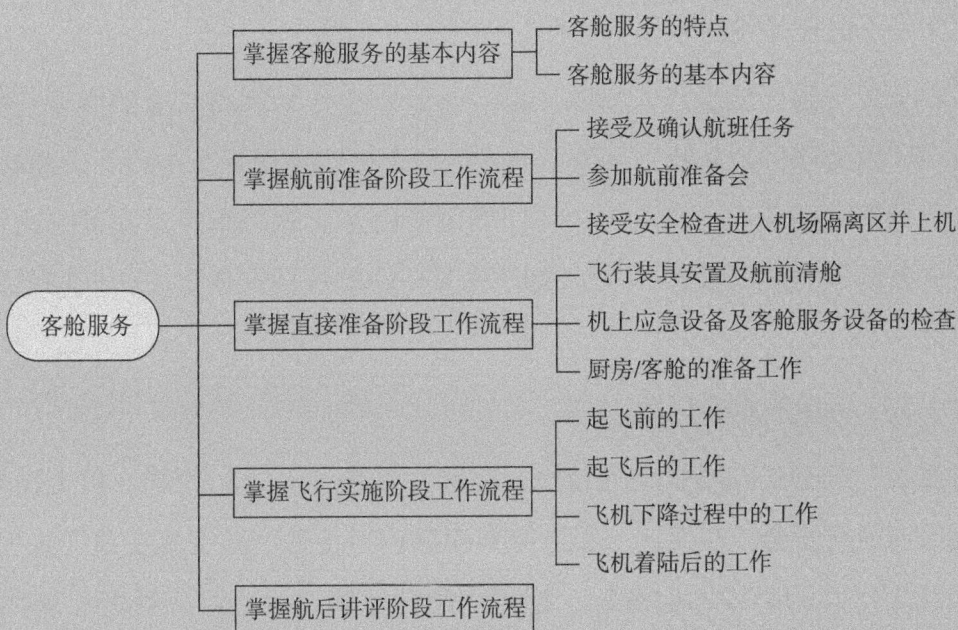

	掌握客舱服务的基本内容	客舱服务的特点
		客舱服务的基本内容
	掌握航前准备阶段工作流程	接受及确认航班任务
		参加航前准备会
		接受安全检查进入机场隔离区并上机
客舱服务	掌握直接准备阶段工作流程	飞行装具安置及航前清舱
		机上应急设备及客舱服务设备的检查
		厨房/客舱的准备工作
	掌握飞行实施阶段工作流程	起飞前的工作
		起飞后的工作
		飞机下降过程中的工作
		飞机着陆后的工作
	掌握航后讲评阶段工作流程	

任务一
掌握客舱服务的基本内容

任务描述▼

客舱服务作为因社会发展而产生的一种新的服务，较其他服务行业，更加重视公众，也更加强调服务人员在保证飞行安全的前提下，能够汇集一切资源和力量，适应和满足社会发展、生态和谐、公众需求。因此，社会对客舱服务也就提出了更高的要求，不再仅仅局限于客舱中简单的餐饮服务。现在，让我们带着新的视角，去了解一下客舱服务的实质含义和基本内容。

知识准备▼

一、客舱服务的特点

（一）以保障飞行安全为前提

安全运行是民航发展永恒的主题。客舱安全作为飞行安全的重要组成部分，在《大型飞机公共航空运输承运人运行合格审定规则》中有明确的规定。

飞行安全涉及人员、飞机、环境等诸多因素。客舱乘务员必须时刻评估飞行中各阶段客舱的安全状况，及时发现、处置各种安全隐患，处理各种突发事件。

（二）特定的服务环境

客舱服务的实施场景较为特殊，空间面积较小，人员密集。机上设施设备为保证飞行安全，在设计、操作等方面都较为特殊。航空器在飞行过程中，将会经历不同的阶段，如滑行、起飞、爬升、平飞、下降、进近和着陆等，而客舱环境也会因阶段不同，随之发生环境、人员心理的变化。同时，航空器始终处在自身与环境的运动变化中，整个飞行过程都是在动态中不断变化的。所以，这就要求客舱乘务员在服务中，必须符合相关技术规范、严格执行标准工作程序、遵守飞行安全规章条款。

（三）较高要求的综合素质

由于飞行环境、服务对象以及服务过程的特殊性，服务过程中可能会出现复杂多变的各种情况和突发事件，对乘务员的要求如下：具有稳定的心理素质，临危不惧，果敢坚定；善于发现问题，果断处理问题；具有灵活的沟通能力和应变能力，有效地与不同旅客进行沟通；具有很强的亲和力和超越自我情感的职业情感，充满爱心的服务能力；等等。为使乘务员在上岗前具备这些能力，需要进行为期 3 个月的岗位技能培训，其中就包含行业法律规章学习、客舱服务、机型设备、客舱救护、应急处置、野外求生等专业课程。

二、客舱服务的基本内容

狭义上讲，民航客舱服务是围绕"客舱"这一特定环境，在遵守相应规章、规范及标准的前提下，为旅客、机组成员提供服务的过程。在整个服务过程中，根据不同的地点、时间、环境有不同的服务场景，从而分为不同的服务内容，主要分为如下几种。

①迎客服务。迎客时，乘务员在客舱内区域不同其职责也不同，引导旅客就座，对有需要的旅客主动提供帮助。

②餐饮服务。满足旅客在旅途中的餐饮需求。根据航线的长短、地域、风俗习惯等特点，航空公司会为之配备不同的餐食饮料，为旅客带来舒适、美好的空中体验。

③细微及特色服务。满足旅客基本的餐饮需求后，鉴于特定的服务场景，客舱乘务员会为旅客提供耳机、毛毯、书报杂志、特色小吃等细微服务。这些服务都有相应的服务规范及严格的执行流程。

④特殊旅客服务。客舱乘务员会根据所执行的航班的旅客信息，对特殊旅客提供合适的服务，如特殊餐食、儿童玩具、婴儿摇篮、空中额外护理等。在将旅客安全送往目的地的前提下，给他们以无微不至的体贴、关怀、爱护

和呵护。

从广义上讲，客舱服务则是客舱乘务员依托客舱这个载体，以个人的影响力与展示性为特征，将有形的服务形式与无形的情感传递融为一体的综合性活动。广义的客舱服务要求客舱乘务员具备很强的综合能力，需要从多个方面进行培养，才能将内化于心、外化于行展现得淋漓尽致。

①良好的航空服务礼仪。礼者，养也，仪者，规也。良好的航空服务礼仪，需要从心态、沟通、形象、规范等因素上进行系统的学习。

②高效的环境管理。在高空环境中，优化旅客的环境体验感受尤为重要。客舱乘务员需要根据不同的环境灵活调整并做好环境管理，如环境卫生、氛围、舒适程度等。

③良好的服务意识。旅客的满意源自优质的服务。这取决于两方面：一是基于公司服务理念与文化的服务体系以及服务方式；二是客舱乘务员个体对客舱服务工作的内心感知与责任感，即发自内心地为旅客服务的主动意识与自觉行动，以及对自己行为的良好调节。

客舱服务的核心问题就是通过个体的自觉行动，完美地实现服务设计方案，让旅客感到满意，即通过服务过程将公司为旅客设计的服务系统转变为旅客所接受的期望利益。优质的客舱服务是通过有意识的服务技巧将服务环境、服务内容、服务对象完美地结合起来的，这也是客舱服务的核心本质。

课堂研讨

同学们分小组进行讨论：结合对客舱服务狭义及广义概念的解释，请列出作为一名优秀的客舱乘务员还需要进行哪些知识的学习。

任务工单▼

民航服务基本技能任务工单		
项目	客舱服务	
任务	掌握客舱服务的基本内容	
负责导师		截止日期
任务描述	本工单依据民航服务的典型工作任务制定，主要面向民航服务岗位，增进学生对客舱服务的了解，为日后的工作奠定基础。	
任务目标	目标	了解客舱服务的基本内容。
	关键成果	1.掌握民航客舱服务的特点。
		2.能快速说出客舱服务的基本内容。

续表

任务重点	1. 树立良好的职业形象。 2. 培养良好的服务意识。				
主要内容	①了解民航客舱服务的特点。		②掌握狭义客舱服务的内容。		③理解广义客舱服务的内涵。
任务难度		□简单	□一般	□偏难	□困难
完成确认	序号	检查事项			组长签字
	1	是否掌握民航客舱服务的特点?			
	2	能否准确介绍狭义客舱服务的内容?			
	3	是否具有良好的职业形象?			
	4	是否达到学习要求?			

注意事项:
1. 请严格按照工单内容要求进行项目实践,不得随意更改流程。
2. 在完成任务后,请进行自检,完成请打√。

教师签字:

拓展训练▼

1. 请简要介绍客舱服务的特点。

2. 请简述客舱服务的基本内容。

自我评价▼

任务二
掌握航前准备阶段工作流程

任务描述 ▼

　　客舱乘务员自接受航班任务起至任务结束，其工作可以总结为几个阶段，分别为：航前准备阶段、直接准备阶段、飞行实施阶段、航后讲评阶段。每个阶段的具体工作程序有所不同，但都需要依据民航相关法律法规、航空公司规范标准来完成。接下来，各位同学以准客舱乘务员的身份，一起来学习和体验每个阶段的具体工作任务和工作流程吧。

知识准备 ▼

　　航前准备阶段也称为预先准备阶段，是指客舱乘务员自接受航班任务开始至登机前的阶段，也是客舱服务工作中准备时间最长的一个阶段。在该阶段，客舱乘务员需要完成各项准备工作，其中包括接受及确认航班任务、网上准备、个人证件资料准备、参加航前准备会等。下面重点介绍接受及确认航班任务和参加航前准备会。

一、接受及确认航班任务

　　通常客舱乘务员的航班任务由客舱服务派遣部门根据航空公司实际运力情况、人员资质等因素进行安排，并通过公司内部的空勤人员飞行准备网站进行航班发布。客舱乘务员可登录内网对各自航班安排结果进行查询，也可以到客舱服务派遣部门现场进行确认。

　　（一）航班任务信息

　　①所执行航班机组人员的信息。

②所执行任务的航班号、航线及起飞/着陆时间。

③所执行航班的飞机机型、飞机号、应急设备分布。

④所执行航班查询时间当前的旅客人数，重要及特殊旅客信息。

⑤所执行航班当班配餐情况等。

（二）客舱乘务员在执行航班任务前应复习的内容

①所执行航班的航线地理情况，飞越的省市、河流、山脉及飞行时间、距离、机场名称、离城距离等。

②各区域号位的工作职责及该飞机应急设备分布、应急处置的程序。

③了解近期最新行业标准、咨询通告及航空公司内部业务通告。

（三）客舱乘务员个人物品的准备

①飞行着装及相关装具，如当季制服、飞行箱/包、工号牌等。

②个人证件（客舱乘务员训练合格证、空勤登机证、体检合格证），并确保在有效期内。

③个人携带资料（客舱乘务员手册、客舱广播词、舱门操作单等）。

④个人携带物品（笔、便签、围裙、化妆品、备用丝袜、走时准确的手表等）。

二、参加航前准备会

（一）航前准备会签到

航前准备会通常在航班起飞时间前3小时之内（各航空公司根据航线进行规定）完成，客舱乘务员需按照飞行着装标准和妆容要求准备，提前到指定地点完成签到，并到指定位置参加航前准备会。

（二）参加航前准备会

①当班乘务长组织组员召开航前准备会，检查客舱乘务员的着装、妆容及所携带证件资料是否符合飞行要求。

②当班乘务长对所执行的航班作全面的工作说明及安排，对航线、机型、服务、客舱安全及空防安全提出要求并制订计划。

③当班乘务长对客舱乘务员在本次航班中工作岗位进行分工并提出相应的要求。

④做好空防预案。

⑤说明工作程序、餐食及供应品配备情况。

⑥做好飞机应急撤离水／陆预案。

⑦提出对重要旅客、VIP旅客及特殊旅客的服务要求。

三、接受安全检查后进入机场隔离区并上机

航前准备会结束后，当班乘务长带领组员排好队形，统一乘坐机组车进场并接受安检。客舱乘务员必须将空勤登机证佩戴于明显位置，便于安检人员对身份进行核对，并配合安检工作，然后统一乘车进入隔离区并上机。

任务工单▼

民航服务基本技能任务工单					
项目	客舱服务				
任务	掌握航前准备阶段工作流程				
负责导师			截止日期		
任务描述	本工单依据民航服务的典型工作任务制定，主要面向民航服务岗位，增进学生对现代民航服务业的了解，为日后的工作奠定基础。				
任务目标	目标	掌握航前准备阶段工作流程。			
	关键成果	1. 掌握接受及确认航班任务的具体内容。			
		2. 能快速说出在执行航班任务前应复习的内容。			
任务重点	1. 树立良好的职业形象。 2. 培养良好的时间观念。				
主要内容	①了解航班任务信息。	②掌握航前应复习的内容。		③了解航前准备会的流程。	
任务难度	□简单	□一般		□偏难	□困难
完成确认	序号	检查事项			组长签字
	1	能否说出航前准备阶段工作流程？			
	2	是否掌握航前应复习的内容？			
	3	能否描述航前准备会的流程？			
	4	是否达到学习要求？			
注意事项： 1. 请严格按照工单内容要求进行项目实践，不得随意更改流程。 2. 在完成任务后，请进行自检，完成请打√。					

教师签字：

拓展训练▼

　　5~6人组成一个乘务组并按区域职责划分相应号位，根据教师提供的航班信息模拟召开一次航前准备会。

自我评价▼

任务三
掌握直接准备阶段工作流程

任务描述▼

在任务二，同学们已经了解并模拟演练了客舱乘务员航前准备阶段的工作流程，相信一定有所收获和感悟。本任务是请各位同学以准客舱乘务员的身份，来学习和体验直接准备阶段的具体工作任务和工作流程。

知识准备▼

直接准备阶段是指客舱乘务员从登机开始至旅客登机之前的工作时间段。

一、飞行装具安置及航前清舱

（一）客舱乘务员上机后，第一时间对其飞行装具进行合理安置

①客舱乘务员的飞行装具应放置于规定的储藏间或行李架上，同时应确保飞行装具处于监控范围之内。

②应合理、紧凑地摆放整齐，不能影响旅客行李的存放。

③禁止放于餐车内、应急设备存放处、旅客座椅背后以及任何通道处。

（二）航前清舱工作

为确保机上无可疑及外来物品，客舱乘务员应在航前对各自负责的区域完成航前清舱工作。

二、机上应急设备及客舱服务设备的检查

客舱乘务员应按照航前准备会的任务安排，负责自身所在区域的应急设备及服务设备的检查，并将检查结果及时向乘务长进行汇报。具体检查内容

如下。

（一）厨房区域应检查的设备

1. 区域内所有应急设备

手电筒（图 8-1）、灭火瓶、便携式氧气瓶、防烟面罩（PBE）、应急定位发射器（图 8-2）、应急药箱 / 急救药箱等是否在待用状态，铅封是否完好。

图 8-1　手电筒

图 8-2　应急定位发射器

2. 区域内的所有服务设备

厨房区域的配电板（图 8-3）是否有故障，烤箱（图 8-4）、煮水器（图 8-5）等电器设备是否可以使用；储物柜是否完好，是否有外来物；清水量是否充足。

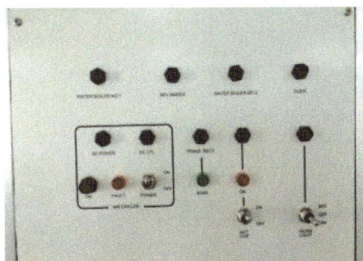

图 8-3　厨房配电板

图 8-4　烤箱

图 8-5　乘务员检查煮水器

（二）客舱区域应检查的设备

1. 区域内的所有应急设备

手电筒、灭火瓶、便携式氧气瓶、防烟面罩（PBE）、应急药箱 / 急救药箱、应急定位发射器等是否在待用状态，铅封是否完好。

2. 区域内的旅客服务组件（图 8-6）

旅客座椅能否正常使用，旅客娱乐系统（PES）有无故障，阅读灯、通风器、呼唤铃是否在待用状态，婴儿摇篮及安全带（婴儿加长安全带）是否在规定位置存放。

3. 人工安全演示设备

安全带、氧气面罩、安全须知说明是否配备齐全和完好。

4. 卫生间相关设备

卫生间自动灭火装置是否在待用状态，卫生间烟雾探测器是否正常工作，洗手池（图 8-7）是否有冷、热水及下水是否畅通，马桶及其他设备是否状况良好。

图 8-6　旅客服务组件　　　　图 8-7　卫生间洗手池

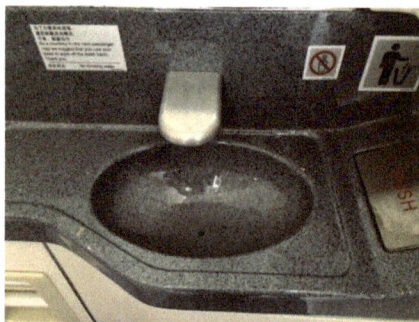

检查完所有设备后，如有故障要及时报告乘务长，以便请机务人员进行维修。

三、厨房 / 客舱的准备工作

（一）厨房的准备工作

①清点、检查航班配备的餐食种类、数量及质量并报告乘务长。

②清点、签收航班服务供应品以及服务用具。

③根据航班的飞行时间和航线要求做好空中服务计划工作。

④准备餐食、饮料。

⑤将需要冰镇的酒类、食品、饮料等放入冷藏柜内。

⑥检查厨房设备及厨房卫生。

⑦向乘务长报告准备情况。

（二）客舱的准备工作

①准备好报纸及杂志，整齐、美观地摆放在规定位置。

②准备耳机、毛毯、枕头，按区域放置在规定位置。

③相关号位客舱乘务员负责签收和摆放卫生间的物品，并检查物品种类是否齐全。

④在完成自己的工作职责后应协助厨房乘务员做准备工作。

⑤检查区域卫生间及客舱卫生。

⑥向乘务长报告准备情况。

当所有准备工作完毕之后，乘务长报告机长客舱准备工作完成，通知旅客登机。

任务工单▼

民航服务基本技能任务工单				
项目	客舱服务			
任务	掌握直接准备阶段工作流程			
负责导师			截止日期	
任务描述	本工单依据民航服务的典型工作任务制定，主要面向民航服务岗位，增进学生对现代民航服务业的了解，为日后的工作奠定基础。			
任务目标	目标	掌握直接准备阶段工作流程。		
	关键成果	1. 明确直接准备阶段的工作起止时间。		
		2. 能够概括直接准备阶段的具体工作内容。		
任务重点	1. 树立良好的职业形象。 2. 培养良好的规章意识。 3. 培养良好的安全意识。			
主要内容	①明确直接准备阶段的工作起止时间。	②明确机上应急设备及客舱服务设备的检查内容。	③掌握厨房及客舱工作区域乘务员直接准备阶段应检查的应急设备及服务设备的种类。	
任务难度	□简单	□一般	□偏难	□困难
完成确认	序号	检查事项		组长签字
	1	能否列举出厨房区域乘务员直接准备阶段应检查的应急设备及服务设备？		
	2	能否列举出客舱区域乘务员直接准备阶段应检查的应急设备及服务设备？		

续表

完成确认	序号	检查事项	组长签字
	3	能否描述厨房及客舱区域乘务员直接准备阶段的准备工作？	
	4	是否达到学习要求？	

注意事项：
1. 请严格按照工单内容要求进行项目实践，不得随意更改流程。
2. 在完成任务后，请进行自检，完成请打√。

教师签字：

拓展训练▼

5~6人组成一个乘务组并按区域职责划分相应号位，根据教师提供的航班信息，进入模拟舱，完成直接准备阶段的工作流程。

自我评价▼

任务四
掌握飞行实施阶段工作流程

任务描述▼

在任务三，同学们已经了解并模拟演练了客舱乘务员直接准备阶段的工作流程，相信一定有所收获和感悟。本任务是请各位同学以准客舱乘务员的身份，来学习和体验飞行实施阶段的具体工作任务和工作流程。

知识准备▼

飞行实施阶段是指从旅客登机时刻起至旅客到达目的地后下机的时间段。这一阶段十分重要，服务工作的质量直接关系到公司的形象和利益，因此，客舱乘务员必须严格按照规章制度为旅客提供优质服务。

一、起飞前的工作

（1）迎客。

客舱乘务员在各自区域迎客（图8-8、图8-9），引导旅客（图8-10）就座。乘务员站在客舱前三排、后三排及出入口处，对有需要的旅客主动帮助，在征得同意的情况下为其提拿行李。

图8-8 机门口迎客

图 8-9　客舱迎客

图 8-10　引导旅客

（2）关闭、锁定所有的行李架（图 8-11、图 8-12）。

图 8-11　关闭行李架

图 8-12　锁定行李架

（3）应急出口座位旅客评估。

相关区域的客舱乘务员根据要求，对坐在应急出口座位的旅客完成目视和口头评估（图 8-13），确保坐在该座位的旅客符合要求，对不符合和不愿意坐在该座位的旅客及时调整。确认完毕后，及时向乘务长进行评估结果汇报，汇报时间不得晚于关机门的时间。

图 8-13　乘务员进行应急出口座位旅客评估

（4）乘务长负责核对旅客人数并报告机长，得到关闭舱门的指令。

（5）舱门关闭后，乘务长立即下达操作滑梯预位的指令，乘务员按要求操作滑梯预位（图 8-14 至图 8-16）并相互检查。

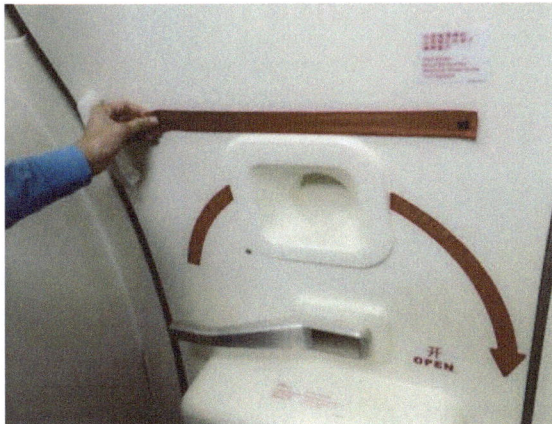

图 8-14　滑梯预位 1

图 8-15　滑梯预位 2

图 8-16　滑梯预位 3

（6）广播欢迎词并播放安全演示视频。

如该机型没有视频播放设备，则由乘务员向旅客演示（图 8-17、图 8-18）。

图 8-17　人工客舱安全演示 1

图 8-18　人工客舱安全演示 2

（7）起飞前安全检查。

客舱安全检查至关重要，乘务员应根据自身区域工作职责对客舱和厨房区域进行检查。

①客舱安全检查。

每位旅客都系好安全带。

小桌板全部收起扣好。

座椅靠背调节到正常位置。

行李架上的物品放稳妥、扣紧。

在所有过道、应急出口处都不得摆放行李。

遮光板、门帘全部拉开并扣好。

禁止吸烟和使用各种电子设备。

检查卫生间无旅客，可移动物品已固定好，马桶盖已盖好。

②厨房安全检查内容。

固定可移动物品，如烧水杯。

餐／水车固定在存放位并踩好刹车。

关闭不必要的电源，如烤箱、烧水器等。

所有出口处及通道处不得堆放任何物品，观察窗不得遮挡。

锁好所有箱柜。

门帘收起扣好。

（8）锁闭卫生间，调暗客舱灯光准备起飞。

二、起飞后的工作

（1）在起飞后5~10分钟，广播员进行航线介绍的广播。

（2）飞机进入平飞后客舱乘务员打开卫生间，进行细微服务（打开/关闭阅读灯、为睡觉旅客盖上毛毯、为旅客调试耳机及调节通风器等）及补送书报杂志。

（3）厨房乘务员打开烧水器，准备餐前水车（摆放水车）；对热饮做好温度的控制。

（4）餐前饮料服务结束后，客舱乘务员回收用过的饮料杯及杂物。

（5）在客舱乘务员回收水杯的同时，厨房乘务员做好开餐准备，摆放好餐食。

（6）送餐。主动介绍餐食种类以便旅客选择，如餐食种类不能满足旅客需求，客舱乘务员应主动致歉并想办法做好弥补工作，让旅客满意。

（7）送餐中饮料（二次饮料）。

如旅客要求与之前不同的饮料，乘务员应主动为其更换新的水杯。

如旅客要求热饮，则尽量用餐盘内的密胺杯为其添加。

（8）添加饮料。

根据情况或航线时间可用水车也可直接端壶进行添加。

（9）回收餐盘。

回收时应先征得旅客同意再回收餐盘（图8-19、图8-20）。

图 8-19　回收餐盘 1　　　　　　　图 8-20　回收餐盘 2

图 8-21　提供选择性饮料

（10）清理客舱及卫生间卫生。

客舱乘务员携带大托盘回收剩下的水杯及杂物。

打扫卫生间，做到镜面、台面、地面没有污水，及时增补各种用品。

（11）巡视客舱，为旅客提供细微服务。航线较长时为旅客提供选择性饮料（图 8-21）。

（12）客舱服务注意事项。

餐饮服务时，如有旅客睡觉，不能叫醒旅客而应当为其提供"睡眠卡"。

在飞行阶段，乘务员注意随时保持客舱舒适、安静的环境。

随时保持客舱、厨房、卫生间的整洁。

如客舱设备发生故障要及时报告乘务长。

三、飞机下降过程中的工作

飞机着陆前 30 分钟开始下降，此时进行下降广播。乘务员根据各自号位职责完成飞机下降时的工作。

（1）厨房的工作内容。

①整理清洁服务用具、烤箱、储藏箱柜等。

图 8-22　乘务员铅封供应品车

②清理供应品并归类放置，如执行的航班为本航程的最后一段，则应填写供应品回收单，铅封供应品车（图 8-22）及其他储物柜。

③倒掉不需要的饮料，咖啡、茶水不能倒入马桶内。

④固定设备，关闭不必要的电源。

⑤安全检查（同起飞前内容一样）。

（2）客舱的工作内容。

①回收、清理旅客用过的毛毯、枕头和阅读过的书报杂志等。

②交还代为保管的衣服及小件物品。

③确认并告知特殊旅客下机的顺序（应于普通旅客之后下机）。

④安全检查（同起飞前内容一样）。

（3）客舱乘务员锁闭卫生间，乘务长调暗客舱灯光，所有乘务员入座准备着陆。

四、飞机着陆后的工作

（1）进行着陆后广播，客舱乘务员监控客舱（制止飞机未停稳就站起来提拿行李的旅客及打开手机的旅客）。

（2）飞机停稳后，根据乘务长指令解除滑梯预位，互检后报告乘务长。

（3）打开下机音乐送旅客下机。

（4）旅客下机后，乘务员打开卫生间门并进行清舱工作，报告乘务长。

（5）厨房乘务员与航食工作人员交接供应品。

（6）乘务员离机时，最后一位离机的乘务员要将舱门上的黄色警示安全带挂上。

任务工单▼

民航服务基本技能任务工单		
项目	客舱服务	
任务	掌握飞行实施阶段工作流程	
负责导师		截止日期
任务描述	本工单依据民航服务的典型工作任务制定，主要面向民航服务岗位，增进学生对现代民航服务业的了解，为日后的工作奠定基础。	
任务目标	目标	掌握飞行实施阶段工作流程。
	关键成果	1.明确飞机起飞前的具体工作内容。
		2.明确飞机起飞后的具体工作内容。
		3.明确飞机下降过程中的具体工作内容。
		4.明确飞机着陆后的具体工作内容。
任务重点	1.树立良好的职业形象。 2.培养良好的规章意识。 3.培养良好的安全意识。	

续表

主要内容	①明确飞机起飞前的具体工作内容。	②明确飞机起飞后的具体工作内容。	③明确飞机下降过程中的具体工作内容。	④明确飞机着陆后的具体工作内容。
任务难度	□简单	□一般	□偏难	□困难
完成确认	序号	检查事项		组长签字
	1	能否列举出飞机起飞前的具体工作内容？		
	2	能否列举出飞机起飞后的具体工作内容？		
	3	是否达到学习要求？		

注意事项：
1. 请严格按照工单内容要求进行项目实践，不得随意更改流程。
2. 在完成任务后，请进行自检，完成请打√。

教师签字：

拓展训练▼

5~6 人组成一个乘务组并按区域职责划分相应号位，根据教师提供的航班信息，进入模拟舱，完成飞行实施阶段的工作流程。

自我评价▼

任务五
掌握航后讲评阶段工作流程

任务描述▼

在本任务中，请各位同学以准客舱乘务员的身份，结合项目八前四个任务的学习表现，对本组成员进行总结和点评。

知识准备▼

航后讲评阶段是指整个飞行服务工作结束后的讲评，也是总结和提高客舱乘务员服务工作的重要阶段。

乘务长带领组员进行航后讲评，可以采取乘务长——点评或者乘务员个人点评的方式，对当次航班的服务质量及各方面工作进行评价，对航班中出现的问题进行分析及总结。乘务员要如实反映航班中发生或发现的问题，及时向乘务长反映航班中的信息。乘务长须将当次航班完成情况如实填写在乘务日志上进行备案，以便有关部门查阅。

任务工单▼

民航服务基本技能任务工单			
项目	客舱服务		
任务	掌握航后讲评阶段工作流程		
负责导师		截止日期	
任务描述	本工单依据民航服务的典型工作任务制定，主要面向民航服务岗位，增进学生对现代民航服务业的了解，为日后的工作奠定基础。		

续表

任务目标	目标	了解航后讲评的内容。		
	关键成果	1. 了解航后讲评的大概内容。		
		2. 明确航后讲评的意义。		
任务重点	1. 树立良好的职业形象。 2. 培养良好的职业规范。			
主要内容	①了解航后讲评的内容。		②明确航后讲评的意义。	
任务难度	□简单	□一般	□偏难	□困难
完成确认	序号	检查事项		组长签字
	1	能否列举出航后讲评的内容？		
	2	是否明白航后讲评起到的积极作用？		
	3	是否达到学习要求？		
注意事项： 1. 请严格按照工单内容要求进行项目实践，不得随意更改流程。 2. 在完成任务后，请进行自检，完成请打√。 　　　　　　　　　　　　　　　　　　　　　　　　　　　　教师签字：				

拓展训练 ▼

5~6 人组成一个乘务组并按区域职责划分相应号位，根据教师提供的航班信息，完成航后讲评阶段的工作流程。

自我评价 ▼